Gedanken eines tibetischen Lama über Weihnachten

Lama Thubten Yeshe

Gedanken eines tibetischen Lama über Weihnachten

Mit Aquarellen von Susanne Mocka

Theseus Verlag

Inhalt

Vorwort

Lama Thubten Yeshe hielt die Vorträge, auf denen dieses Buch basiert, Anfang der siebziger Jahre, während der Weihnachtszeit im Kloster Kopan in der Nähe von Katmandu in Nepal. Darin befasst er sich vor allem mit dem ursprünglichen Sinn des Weihnachtsfestes. Das Buch enthält darüber hinaus einen Vortrag, der am Ende eines dreitägigen Seminars stand, in dem Schüler aus den Lebensgeschichten von Jesus, Buddha und Tsong Khapa, dem Gründer der Gelugpa-Schule des tibetischen Buddhismus, vorlasen. Lama Yeshe, dem es ein großes Anliegen war, die praktischen Konsequenzen spiritueller Lehren aufzuzeigen und nicht nur abstrakte Lehrgebäude zu präsentieren, betont hier wie inspirierend die Beschäftigung mit den Biographien authentischer spiritueller Meister jeglicher Tradition sein kann. In diesem Zusammenhang weist er nachdrücklich darauf hin, wie schädlich es ist, nur die Vorzüge der eigenen religiösen Tradition einseitig hervorzuheben und sich mit Vorurteilen über andere Traditionen zufrieden zu geben. Neben diesen Unterweisungen werden auch Fragen und Antworten aus einem Interview wiedergegeben, das 1978 im *Manjushri Institute* in England stattfand.

Das Kloster Kopan ist ein religiöses Zentrum, das 1969 von Lama Yeshe und seinem Hauptschüler Lama Thubten Zopa errichtet wurde; seit 1971 werden dort regelmäßig Meditationskurse für westliche Menschen organisiert. Der bekannteste unter diesen Kursen ist der so genannte »Novemberkurs«, ein einmonatiger Intensivkurs über den Stufenweg zur Erleuchtung. Anfang der siebziger Jahre war dieser Kurs ein großer Anziehungspunkt für junge Leute aus Europa, Amerika und Australien, die damals scharenweise in den Osten kamen, um Antworten auf ihre Lebensfragen zu finden und meditieren zu lernen. In Kopan wurde für die Unterweisungen ein großes Zelt errichtet, und man folgte einen Monat lang einem strikten Tagesplan, der Fasten, Schweigen und Meditieren beinhaltete. Da die Hippies jener Tage noch viel Zeit hatten, hielten sich viele von ihnen nach dem Kurs noch bis Anfang Januar im Kloster auf. Lama Yeshe, der Hauptlehrer dieser Kurse, kam dem Bedürfnis seiner westlichen Schülerinnen und Schüler entgegen, in der Weihnachtszeit etwas Besonderes zu veranstalten, und so entwickelte sich allmählich eine Weihnachtsfeier-Tradition auf dem Kopan-Hügel in Nepal. 1980 nahm ich an einer solchen Feier teil: Mehrere Tage lang hatten wir intensiv über den Buddha des Mitgefühls meditiert und gefastet und nun sollte es am Weihnachtstag eine »Party« und ein Festessen geben. Die Teilnehmer waren bunt gemischt: hundert junge tibetische Mönche im Alter von sechs bis achtzehn Jahren, die im Kloster ausgebildet wurden, sorgten für eine recht lebendige Stimmung; etwa sechzig Schülerinnen und Schüler Lama Yeshes aus den verschiedensten

Ländern Europas, aus Amerika und Australien in exotischen Hippie-Kleidern oder in dunkelroten Mönchs- und Nonnengewändern versuchten mit mehr oder weniger Erfolg konzentriert bei der Sache zu sein. In den vorderen Reihen saßen etwa fünfzehn erwachsene Mönche und Lamas; Lama Yeshe hatte den Vorsitz. Bei dieser multikulturellen und interreligiösen Weihnachtsfeier rezitierten wir zunächst eine *Puja*, ein traditionelles tibetisches Ritual, das mit dem Darbringen von Gaben an die Buddhas verbunden ist. Dann hielt Lama Yeshe einen Vortrag über die Bedeutung von Jesus Christus und den religiösen Sinn des Weihnachtsfestes; später gab es Weihnachtsgeschichten aus aller Welt und die englischen Teilnehmer führten ihr traditionelles Weihnachtsmärchen als Theaterstück auf. Das, was die Anwesenden verband, war deren Achtung und Liebe für Lama Yeshe, und es war die Präsenz dieses Lamas, die trotz zeitweiligem Chaos das Gefühl vermittelte, dass alles großartig zusammenpasste und ein gelungenes Ganzes bildete.

Wer war dieser Lama, der Anziehungspunkt für so viele junge Menschen aus aller Welt wurde und der es so wunderbar verstand, durch sein großes Herz alle und alles miteinander zu vereinen?

Thubten Yeshe wurde 1935 in Tolung, einem kleinen tibetischen Dorf in der Nähe von Lhasa geboren. Als er drei Jahre alt war, erkannten ihn die Nonnen eines nahe gelegenen Klosters als die Reinkarnation ihrer kürzlich verstorbenen Äbtissin und holten ihn sooft sie konnten zu sich, um ihn an ihren religiösen Zeremonien teilnehmen zu lassen. Auf seine Bitten hin ließen ihn seine Eltern mit sechs Jahren in die Klosteruniversität Sera eintreten. Dort studierte er während der folgenden sechzehn Jahre zusammen mit 10 000 anderen Mönchen die buddhistischen Schriften.

Wegen der chinesischen Invasion floh Lama Yeshe 1959 von Tibet nach Indien, wo er seine Studien unter äußerst schwierigen Bedingungen in einem Flüchtlingslager bei Buxaduar fortsetzte, in dem sich Mönche verschiedener tibetischer Schulen gesammelt hatten. Dort lernte er den elf Jahre jüngeren Zopa Rinpoche aus der nepalesischen Provinz Solu Khumbu kennen, der sein Hauptschüler und Weggefährte wurde.

Die beiden Mönche, der eher joviale und extrovertierte Lama Yeshe und Zopa Rinpoche, der eher zurückhaltend und asketisch wirkt, begegneten bald den ersten Suchenden aus dem Westen, mit denen sie einen regen Erfahrungsaustausch entwickelten. Die jungen Leute zeigten großes Interesse am Stufenweg zur Erleuchtung, einer Abfolge aufeinander aufbauender Meditationen, durch die die Tibeter die verschiedenen Themen der 2500 Jahre alten Lehren Buddha Shakyamunis behandeln. Bald hatten die beiden Meister zahlreiche Schülerinnen und Schüler aus Europa, Australien und Amerika, die um regelmäßige Unterweisungen baten. Auf diese Bitten hin wurden nun buddhistische Meditationskurse organisiert, die zunächst vornehmlich in Kopan stattfanden. Ende der siebziger Jahre begannen die Schüler Zentren in ihren Heimatländern aufzubauen und die beiden Lamas dorthin einzuladen. Überall, wo er hinkam, begeisterte Lama Yeshe die Anwesenden durch seine unkonventionelle, offene und warmherzige Art, seinen Humor und seine kraftvolle Ausstrahlung und bald wurde die *Foundation for the Preservation of Mahayana Tradition* gegründet, eine weltweite Dachorganisation für die Zentren, die unter Lama Yeshes Leitung standen.

Seit Anfang der siebziger Jahre war bekannt, dass Lama Yeshe an einer chronischen Herzkrankheit litt. Schon damals hatten ihm die Ärzte nur noch drei Monate zu leben gegeben. Er aber sagte, er sei noch nicht bereit zu gehen, und lebte die folgenden zehn Jahre »mit Vollgas« weiter. Im Laufe des Jahres 1983 verschlechterte sich sein Gesundheitszustand jedoch zusehends und im Dezember wurde sein Herzleiden so lebensbedrohlich, dass er ihm bald erlag. Lama Zopa Rinpoche führt seither die von Lama Yeshe gegründete Organisation weiter, der mittlerweile über hundert buddhistische Zentren, Verlage, Sozialprojekte, Klausurhäuser und dergleichen in Europa, Amerika, Asien und Australien angehören. Die *Foundation for the Preservation of Mahayana Tradition* untersteht mit ihren Aktivitäten direkt der Schirmherrschaft Seiner Heiligkeit dem Dalai Lama.

1986 erkannte man in dem spanischen Jungen Ösel Hita Torres, ein Kind zweier Schüler von Lama Yeshe, die Reinkarnation von Lama Thubten Yeshe. Ösel Rinpoche, der mittlerweile 15 Jahre alt ist, absolviert zur Zeit die traditionelle Lama-Ausbildung in dem in Indien wiedererrichteten Kloster Sera-je.

Ein tibetischer Lama, ein buddhistischer Mönch, der seinen westlichen Schülern Unterweisungen über Weihnachten gibt — dies scheint zunächst sehr ungewöhnlich. Lama Thubten Yeshe war aber auch ein wirklich ungewöhnlicher tibetischer Lehrer. Als er Anfang der siebziger Jahre auf seine ersten Schüler aus dem Westen traf, hatte der tibetische Buddhismus noch nichts von seiner heutigen Popularität in Europa und Amerika. Lama Yesche erkannte aber schon bei seinen ersten Begegnungen mit den damaligen Hippies, dass da etwas zusammenpasste: Die Unzufriedenheit dieser jungen Menschen mit ihrer weitgehend materialistisch ausgerichteten Kultur, ihr Gefühl von Sinnlosigkeit und die daraus resultierende Suche nach einer neuen Lebensphilosophie einerseits und die alten Weisheitslehren des tibetischen Buddhismus, die gerade ihren Stammsitz in Tibet verloren hatten, andererseits. »Lama«, wie ihn seine Schüler liebevoll nannten, hatte etwas Radikales — es ging ihm stets darum, geradlinig zum Kern der Dinge vorzudringen. Mit seiner direkten Art wollte er unmittelbar nützliche Erfahrungen vermitteln, nicht Lehrgebäude. Er mochte diese jungen Leute aus dem Westen, die die Wertvorstellungen ihrer Eltern auch auf eine Weise radikal hinterfragten und vieles hinter sich gelassen hatten. Die Herausforderung, diesen zum Skeptizismus erzogenen Menschen die Essenz der Lehre zu übermitteln, deren großen Nutzen er für sich selbst erfahren hatte, gefiel ihm offensichtlich sehr. Er betonte auch oft, wie vorteilhaft er eine Situation empfand, in der die Menschen nicht deshalb zu den Unterweisungen kamen, weil es zu ihren gesellschaftlichen Gepflogenheiten gehört, sondern aus einem inneren Bedürfnis heraus und weil sie Antworten auf ihre existenziellen Fragen suchten. Häufig wies er darauf hin, wie sehr er den kritischen Verstand seiner westlichen Schüler schätzte, die die Lehren nicht nur deshalb für gut befanden, weil sie von einer Autoritätsfigur stammten, sondern weil sie sie nach eingehender Prüfung einleuchtend fanden und ihren Nutzen selbst erfuhren. Uns — seinen Schülerinnen und Schülern — vermittelte dieser beeindruckende Mensch, dass er wirklich an uns glaubte, und das machte die Begegnung mit Lama zu einer ungeheuer ermutigenden und aufbauenden Erfahrung.

Lama war auch radikal in der Art und Weise, wie er mit seiner eigenen Tradition umging. Er hatte großes Geschick bei der Übermittlung des zentralen Erfahrungsgehaltes der verschiedenen buddhistischen Meditationen und scheute sich dabei nicht, kulturell bedingtes Beiwerk der tibetischen Lehren beiseite zu lassen. War jemand mehr theoretisch interessiert und wollte eine Wort-für-Wort-Erklärung einer traditionellen Schrift, so verwies Lama ihn an andere Lehrer. Im Kreis seiner westlichen Schülerinnen und Schüler stellte er auch, wo es ihm angemessen erschien, neue Regeln auf: So reformierte er beispielsweise die Sitzordnung bei den von ihm ordinierten Mönchen und Nonnen. Sie saßen bei den Unterweisungen in zwei Blöcken nebeneinander, statt dass — wie tradtionell vorgeschrieben — die Nonnen hinter den Mönchen Platz nehmen mussten.

In diesem Buch nimmt Lama einen Dialog mit dem Christentum auf. Er tut es in der ihm eigenen, erfahrungsbezogenen Art. Er stellt keinen

Vergleich verschiedener Theorien und Dogmen an, denn das könnte zu Spannungen und Differenzen führen. Stattdessen versucht er, die eigentliche Essenz jeder religiösen Gesinnung herauszuarbeiten. Er sucht nach Gemeinsamem, nicht nach dem, was trennt, geht über die Begrenzungen der Systeme hinaus und benennt das Herz aller geistigen Wege: Barmherzigkeit, Mitgefühl, Dienst am Nächsten, das höchste menschliche Potenzial entwickeln.

Mit diesem Dialog schlug er damals schon einen Weg ein, den viele angesehene Lehrer des Buddhismus — allen voran Seine Heiligkeit der Dalai Lama — heute zu einem ihrer zentralen Anliegen machen: die Förderung des gegenseitigen Verständnisses der Weltreligionen im Dienste einer friedlichen und gewaltfreien Welt. Im Zuge dieses Dialogs kann etwas geschehen, was mir und vielen anderen damals passierte, als wir in jenem Zelt auf dem Kopan-Hügel Lama Yeshes Vorträgen zuhörten: Durch die Begegnung mit einem wirklich religiösen Menschen einer völlig anderen Kultur kam etwas in Bewegung. Es öffnete sich etwas, und plötzlich verstanden wir nicht nur den Buddhismus besser, sondern auch so vieles andere — uns selbst, die Welt, unser Herkunftsland und unsere angestammte Religion.

Ich wünsche mir, dass es den Leserinnen und Lesern dieses Buches ebenso ergeht.

Claudia Wellnitz
Kaltern, im April 2000

Bitte
freimachen

THESEUS Der Verlag für buddhistische Bücher

Geben und Schenken

Dies ist die Woche von Jesu Christi Geburt, und ich schlage vor, dass wir eine Art Feier veranstalten, um dieses besondere Ereignis zu würdigen. Dabei sollten wir versuchen, diesem Ereignis einen wirklichen Sinn zu geben. Es sollte nicht nur eine Art körperlicher Empfindung sein, die unseren Geist noch tiefer in Verwirrung und Aberglauben stürzt.

Wenn eine Weihnachtsfeier gelingen soll, muss sie wirklich religiösen Charakter haben. Jesus kam auf diese Erde und bot seine Lehren dar, aber die weltbezogenen Menschen ignorieren diese Tatsache völlig. In ihren Augen bedeutet Weihnachten in erster Linie einkaufen, Geld ausgeben, Geschenke besorgen und ein allgemeines Durcheinander. An solch konfusen Zuständen sind wir selbst ganz alleine schuld.

Es steht in unserer Macht, Weihnachten sinnvoll, friedlich und wahrhaft religiös zu gestalten, aber anstatt von dieser Fähigkeit Gebrauch zu machen, lassen wir uns völlig von negativen weltlichen Kräften beeinflussen. Wir gehen zwar einkaufen, um Geschenke zu besorgen, aber im Allgemeinen geschieht dies nicht mit einer Einstellung, die auch nur annähernd liebevoll genannt werden kann. Wir denken zum Beispiel: »Ich muss unbedingt etwas für meine Schwester kaufen, denn wenn ich ihr nichts schenke, hat sie mich vielleicht nicht mehr gern. Womöglich schenkt sie mir dann auch nichts mehr.« Oder wir denken: »Ich kaufe lieber ein etwas teureres Geschenk für meinen Freund, sonst schenkt er mir nächstes Jahr etwas Billiges.« Gedanken dieser Art sind sehr negativ und führen zu nichts anderem als vermehrter Unzufriedenheit. Sie sind von egoistischen und unreifen Vorstellungen darüber geprägt, was Glücklichsein ist. Und sie haben überhaupt nichts mit Religiosität zu tun.

Echte Religiosität stimmt unseren Geist friedlich und froh. Dagegen haben Handlungen, die nur konfuse Aufregung mit sich bringen, keinerlei religiöse Wirkung. Sie entspringen vielmehr einer berechnenden Geisteshaltung im Sinne von »Wenn ich dir etwas schenke, musst du mir auch etwas geben». Diese Denkweise zeugt von einem äußerst unreifen und selbstsüchtigen Bewusstsein, das Freude über viele

Geschenke empfindet und traurig ist, wenn seine Erwartungen enttäuscht werden. Welcher Unterschied besteht im Grunde zwischen einem solchen Bewusstsein und dem eines kleinen Kindes?

Wir halten uns für erwachsen, aber unsere Taten und Einstellungen beweisen, dass wir uns wenig von unseren Kindern unterscheiden. Genau wie sie, überschätzen wir den Wert des Geschenke-Bekommens. Im Grunde rühren die übertriebenen Erwartungen der Kinder – ihr unzufriedener und verwirrter Geist – von der Nachahmung unseres eigenen Verhaltens her.

Wenn wir dagegen konsequent ein sinnvolles und reifes Verhalten an den Tag legten, so würden auch unsere Kinder ruhiger werden. Manchmal denken wir, dass unsere Kinder von Natur aus irgendwie aggressiv und dass wir deutlich anders seien – aber so verhält es sich nicht. Prüft einmal in Gedanken nach, was passiert, wenn uns ein Feiertag bevorsteht! Wir sind es doch, die Aufregung verbreiten. Das erste, was schon am Morgen des Feiertages geschieht, ist, dass Mann und Frau, Onkel und Tante usw. miteinander zu streiten beginnen. Kann sich das jeder vorstellen?

Seid ehrlich und stellt selbst fest, was daran wahr ist! Fast alle Streitigkeiten drehen sich um Materielles. Das trifft besonders auf die Weihnachtszeit zu. Und wieviel Neid steckt in diesem kleinlichen Feiertagsgezänk! »Zeig mal, was du bekommen hast – und was haben die anderen bekommen?« Ein derart dualistisch denkender Geist ist von Selbstsucht und falschen Vorstellungen völlig verfinstert.

Dieses falsche Verhalten ist nicht auf einen bestimmten Kulturkreis beschränkt – es lässt sich überall feststellen. Dementsprechend ist die buddhistische Lehre auch nicht das einzige Mittel gegen diese Verwirrung. Alle Religionen sind bestrebt, unzulängliche, verblendete Ansichten zu bekämpfen und uns zu unserem Seelenfrieden zu verhelfen.

Für materialistisch eingestellte Menschen ist es typisch, wenn sie glauben, Glück und Enttäuschung hingen ausschließlich von Äußerlichkeiten und Besitz ab. Wenn sie nicht genug Süßigkeiten bekommen, verlieren sie ihre gute Laune: »Ich fühle mich so leer. Dieses Weihnachten war ein Reinfall!« So denken sie tatsächlich. Für sie hängt der Erfolg oder Misserfolg eines religiösen Feiertags vollständig von materiellen Dingen ab – aus diesem Grunde nennt man sie materialistisch. Sie sind nicht in der Lage, Friede und Freude in ihrem eigenen Bewusstsein zu finden, und suchen stattdessen äußere, materielle Liebesbeweise. Es bleibt sich dabei gleich, wie laut sie sich selbst als geistige Wesen bezeichnen: ihr Geist ist völlig besessen von der groben, materiellen Realität.

Wenn wir gründlich und mit all unserer Weisheit die Denkgewohnheiten und unser Verhalten Weihnachten gegenüber analysieren, dann praktizieren wir wahrhaftes Dharma. Dies ist echte religiöse Betätigung. Dharma zu studieren bedeutet nicht, auf etwas fixiert zu sein, das aus einer anderen Welt kommt und vom Himmel zu uns herabfällt. Es dreht

sich vielmehr unmittelbar und ganz konkret um Probleme wie unsere Motivation – oder unser Denken und Fühlen inmitten des Alltags. Wenn wir nicht versuchen, den negativen, verblendeten Geist des Neides, der Habgier usw. zu bezwingen und umzuwandeln, dann wird niemals so etwas wie Christlichkeit herrschen. Dann gibt es auch keinen Buddhismus, kein Mahayana oder nichts, was irgendeinen Wert hätte. Wir müssen den negativen Geist als solchen erkennen und dann langsam beginnen, einen Ausweg aus dem Leid zu suchen, das er uns selbst und anderen bereitet. Auf diese Weise kann unser Geist in einen Zustand friedvoller Einsicht versetzt werden. Wenn wir nichts unternehmen, um unsere Motivationen und verzerrten Denkschablonen zu berichtigen, dann existiert Weihnachten lediglich für unser selbstbezogenes Ich. Obwohl wir angeblich eine Feier zu Ehren Jesu veranstalten, ist das, was wir tatsächlich daraus machen, völlig entstellt.

Wer daher zu dieser Weihnachtsfeier kommen und ein Geschenk mitbringen will, der sei sich bewusst: Das beste Geschenk ist ein ruhiger, friedvoller Geist. Dies und wahre Liebe zum Nächsten sind genug. Allzu viele materielle Vorbereitungen und Aktivitäten sind nicht nötig.

Viele Menschen kommen in den Osten, um von Gurus und Lamas zu lernen, weil sie in der Religion ihres eigenen Kulturkreises keine Befriedigung erfahren haben. Wenn sie in den Westen zurückkehren, besteht die große Gefahr, dass sie über ihre heimatlichen religiösen Traditionen mit Verachtung sprechen. Das ist nicht nur sinnlos, sondern man schadet sich damit selbst. Psychologisch gesehen sind derartige Diskriminierungen und böse Kritik Zeichen einer gewissen »Geistesgestörtheit». Warum? Weil der Grund für all unsere Probleme unsere eigenen fehlerhaften geistigen Projektionen sind. So etwas wie ein permanent andauerndes »Problem», das unabhängig von dem Geist existiert, der es als solches empfindet, gibt es auf der ganzen Welt nicht. Nachdem also Schwierigkeiten nur entstehen können, weil wir die Dinge verzerrt sehen, ist auch unsere subjektiv geäußerte Kritik an einer anderen religiösen Tradition vollkommen unangebracht und aus psychologischer Sicht krankhaft. Es ist eine Form der Ichsucht, wenn wir unsere eigene Verantwortung für Dinge, die uns stören, abstreiten und stattdessen irgendeiner Institution die Schuld geben.

Buddha selbst stellte das Gebot auf, dass diejenigen, die die Ermächtigung erhalten haben, seine unvergleichlich tiefgründigen Tantra-Lehren auszuüben, keine philosphische oder religiöse Lehrmeinung gering schätzen dürfen. Er wusste, dass sich bei jenen, die solch spezielle Initiationen und Lehren empfangen, Überheblichkeit einstellen kann, und dem wollte er entgegenwirken. Daher sollten wir uns also vor jedem sektiererischen Gedanken hüten.

Gewohnheitsgemäß stellen wir ständig Vergleiche an. Unser Denken neigt nur allzu bereitwillig zu Parteilichkeit. Alles, womit wir uns selbst identifizieren, wird automatisch »das Beste«, und wir fühlen uns verpflichtet, mit allen Vertretern gegenteiliger Meinungen den Kampf aufzunehmen. Ein verwirrter Geist funktioniert ganz natürlich so. Unser falsches Überlegenheitsgefühl zwingt uns dazu auf alles, was unseren

Überzeugungen zuwiderzulaufen scheint, herabzublicken. Die Folge davon ist, dass wir oft etwas kritisieren, nur weil wir es nicht verstehen. Das ist nichts anderes als ein Zeichen von Unwissenheit.

In der Bibel steht zum Beispiel, dass Gott die Welt erschaffen hat. Viele unter uns sind geneigt, sich gegen eine solche Behauptung aufzulehnen und darauf starr und engstirnig zu reagieren. Aber vielleicht geschieht dies nur, weil wir nicht in der Lage oder nicht bereit sind, die psychologische Bedeutung richtig zu interpretieren. Vielleicht wäre es besser für uns, wenn wir uns angewöhnen könnten, vieles weniger buchstabengetreu auszulegen und flexibler auf Ideen einzugehen, die uns fremdartig oder schwer verständlich vorkommen. Auf diese Weise bestünde die Möglichkeit, Einsichten zu entwickeln.

Um bei diesem Beispiel zu bleiben, sollten wir verstehen, dass wir im Westen den ungeheuer starken Wunsch haben, frei und unabhängig zu sein. »Ich passe selbst auf mich auf!», »Ich möchte tun, was mir gefällt!», »Ich, ich, ich, ich, ich ...« Wir weisen sogar diejenigen zurück, die uns Hilfe anbieten. Da eine derart egoistische Missinterpretation von Freiheit die Ursache für so viele Probleme ist, wäre es nur nützlich, diesen Kurs zu korrigieren. So gesehen, kann der Lehrsatz, dass Gott alles, uns miteingeschlossen, geschaffen habe, ein sehr wirksames Mittel gegen unseren falschen Stolz sein. Unsere Ichbezogenheit verringert sich in dem Maße, in dem auch unser Respekt für etwas, das größer ist als wir selbst, wächst. Uns ist damit eine Alternative zur Selbstüberschätzung und der Flucht in unser eigenes, kleines Ich gegeben.

Die hier Anwesenden haben großen Respekt vor Jesus, und da so viele meiner Schülerinnen und Schüler aus dem Westen kommen, haben wir beschlossen, diese Weihnachtsfeier nach westlicher Tradition abzuhalten. Aber wir müssen versuchen, sie mit Sinn zu erfüllen. Wieviele Feiern haben wir seit unserer Geburt schon erlebt? Wie haben wir uns dabei verhalten? Inwiefern haben sie unseren Geist berührt? Prüft es nach! Hat es nicht oft wegen materieller Dinge Unstimmigkeiten gegeben? So sind wir zum Beispiel beim Einkaufen von Geschenken und Zutaten für das Festmahl wegen der Preise in Streit geraten: »Wieviel, sagst Du, hat es gekostet? Das ist viel zu teuer! Versuche doch nicht, mich reinzulegen! Bla, bla, bla ...« Und während des Festes selbst haben wir vielleicht zu viel gegessen, waren enttäuscht oder aus einem anderen Grunde unglücklich. Auf diese Weise hat uns Weihnachten oft nicht mehr als konfuse Aufregung beschert. Damit soll jedoch nicht das Weihnachtsfest als solches kritisiert werden – ich habe großen Respekt vor Jesus Christus. Vielmehr sind wir selbst es, die verwirrt sind und daher verantwortlich für das allgemeine Durcheinander zu Weihnachten. In seiner Botschaft zeigte Jesus uns den Weg zum Frieden. Aus Hochachtung vor ihm sollte auch die Feier seiner Geburt friedlich verlaufen. Wenn das nicht gelingt, so beweist es klar, dass wir seine Lehre überhaupt nicht verstanden haben. Möglicherweise denken wir, dass ein gelungenes Fest und die richtige Ehrerbietung davon abhängen, wie viele materielle Vorbereitungen wir treffen. Aber nur ein sehr hoch entwickelter und disziplinierter Geist kann die äußeren Dinge ohne innere Anhaftung handhaben. Das normale Bewusstsein lässt sich rasch vom kleinlichen, selbstsüchtigen Interesse des Ich beeinflussen.

Gleichfalls denken wir, das Kriterium für eine wahre Religion sei eine große Anhängerschaft. Doch eine wahre Lehre steht nicht unter dem Zwang, viele Menschen anzuziehen. Auch hier ist es nur ein materialistisch denkendes, berechnendes und verwirrtes Bewusstsein, das annimmt, die größte Wahrheit müsse über eine große Gemeinde verfügen, über große Tempel oder Kirchen, viele Mönche und Nonnen und dergleichen mehr. Nein! Isoliert gesehen bedeuten diese Dinge überhaupt nichts. Sie sagen nichts über die Reinheit und Qualität dessen aus, was eine bestimmte Religion lehrt. Wer solch äußerliche Kriterien als Maßstab anlegt, für den werden sich niemals die Tore öffnen zu jenem ewigen Frieden, der im Bewusstsein aller empfindungsfähigen Wesen existiert.

Als Jesus auf Erden lebte, gab es keine Kirchen in unserem Sinne. Es gab keine Aufsplitterung in viele Gruppen und Gemeinschaften, und niemand sagte: »Ich bin Mitglied der XY-Sekte. Welcher Konfession gehörst du an?« Die Lage hatte sich noch nicht so weit zugespitzt, dass der ernsthaft Suchende unter dem Zwang stand, sich für einen Weg zuungunsten eines anderen zu entscheiden. Zumindest in dieser Beziehung war man früher wesentlich unbeschwerter als heute.

Befragt man dagegen heute jemanden, warum er oder sie Anhänger einer bestimmten Religion sei, so wird man vermutlich zu hören bekommen: »Ich bin so erzogen worden« oder »In meiner Nähe gibt es keine andere Kirche«. Es ist lächerlich, allein aus diesen Gründen einer bestimmten Lehre anzuhängen. Andere wiederum gehören einer Religionsgruppe an, weil deren Gemeinde am stärksten im Ort vertreten ist. Auch das hat nicht das Geringste mit einem wahren spirituellen Weg zu tun. Ein einziges Wesen, das tatsächlich den immer währenden, friedvollen Weg zur Befreiung eingeschlagen hat, ist mehr wert als eine Menge verwirrter Wesen, die rufen: »Das ist meine Religion!« Solche Menschen können den aufrichtig Suchenden verspotten und ihn verachten, weil er einen anderen Glauben als den ihren hat – es ist nicht anders zu erwarten.

Die Gedanken und Taten von Menschen mit höherem Bewusstsein stehen oft im Gegensatz zu denen der breiten Masse. In spirituellen Angelegenheiten kommt es überhaupt nicht darauf an, was die Masse denkt. Gleichgültig, wie viele Menschen mit dem Bau einer Kirche, eines Tempels oder eines Klosters beschäftigt sind – wenn das echte religiöse Empfinden fehlt, so hat, was sie tun, kaum eine Bedeutung.

Ich bin kein Gegner der Religion. Ich bin allen Religionen zugetan. Aber Religion muss sinnvoll sein, und zu diesem Zweck müssen wir uns innerlich wandeln. Wir werden nicht frommer, wenn wir viele Gebäude errichten, reich geschmückte Gewänder tragen oder sogar in die Berge zu religiöser Einkehr fliehen. Ohne Weisheit ausgeführt sind diese Handlungen sinnlos.

Die Religiosität eines Menschen ist die Weisheit, die er in seinem Bewusstsein verinnerlicht hat. Dies und nicht äußerliches Gepränge ist das Zeichen für echte Religiosität. Religiöse Kunst, zum Beispiel eine Abbildung von Jesus oder Buddha, ist nicht Religiosität. Religiosität ist Verstehen, es ist etwas, das im Inneren stattfindet.

Wenn daher unsere Weihnachtsfeier von wahrhaft religiösem Charakter sein soll, so ist es dazu unbedingt erforderlich, zu bedenken, wer Jesus war, was er tat und was er symbolisierte. Auf diese Weise können wir verstehen, wie er so vielen Geschöpfen Wohltaten erweisen konnte und warum er eine derartig positive Kraft verkörperte – nicht nur in seiner Zeit, sondern in den letzten 2000 Jahren, bis zum heutigen Tag. Jesus verfügte über ungewöhnlich großes Mitgefühl. Es hilft uns sehr, dieser Tatsache nachzugehen und sie gründlich zu durchdenken. Wenn dabei der Gedanke in uns aufsteigt: »Ich will seine Bewusstseinsstufe erreichen und so viel Mitgefühl wie er entwickeln«, dann ist dies die beste Basis, auf der eine Feier seiner Geburt stattfinden kann. Mit diesem Gefühl in unserem Herzen kann ein Weihnachtsfest sehr wertvoll und bedeutsam sein.

Daher bitte ich euch alle, die ihr nächste Woche zur Feier kommen möchtet: Legt das materialistische Denken ab! Versucht in dieser Woche zu meditieren. Schirmt euren Geist ab von solchen Ablenkun-

gen, wie der Sorge darüber, was euer Leben noch angenehmer machen könnte: »Was soll ich anziehen?«, »Was sollen wir essen?«, »Soll ich dieses oder jenes kaufen?« Vergesst diese Dinge für eine Weile. Versucht stattdessen, Mitgefühl zu entwickeln und den Egoismus zu bekämpfen. Bedenkt außerdem, dass Schenken nicht unbedingt bedeutet, dass der Egoismus überwunden wurde und man ein Heiliger geworden ist.

Es gibt unzählige Arten und Weisen des Gebens. Arrogant verhält sich, wer beim Schenken an sein persönliches Ansehen oder Ähnliches denkt – mit Nächstenliebe hat das nichts mehr gemein. Wer außerstande ist, materielle Geschenke ohne geizige und berechnende Hintergedanken zu machen, sollte das Schenken besser unterlassen, denn solche Überlegungen beschmutzen das Denken. Ihr könnt euren Geist erziehen. Versucht euch von äußeren Dingen unabhängiger zu machen und arbeitet stattdessen an eurer inneren, geistigen Entwicklung. Plant in dieser Woche nichts und feiert keine Partys, geht nicht hierhin und dorthin, um konfuse Dinge zu tun und konfuse Wesen zu treffen – meditiert lieber. Auch wenn ihr noch niemals meditiert habt, solltet ihr versuchen, über die Liebe zu meditieren. Stellt euch die Frage: »Was bedeutet wahre Liebe wirklich?«

Dies ist eine äußerst simple Übung, aber ich glaube, sie kann sehr gewinnbringend sein. Es genügt nicht zu sagen, wir wüssten, was Liebe bedeutet und dabei an unsere Beziehungen zu bestimmten Personen wie Freunde, Ehepartner und ähnliche zu denken. Wenn wir unsere Familie beschenken, so ist dies nicht unbedingt das Praktizieren religiöser Freigebigkeit oder ein Zeichen echter Liebe. So genanntes liebevolles Verhalten nur diesem kleinen Kreis gegenüber kann eine Form des Egoismus und von wahrer Liebe weit entfernt sein. Wahre Liebe wendet sich – ohne Unterschiede zu machen – an alle Lebewesen. Darüber hinaus wird der Wert jeglichen Handelns in erster Linie von der dahinter stehenden Motivation bestimmt. Wir müssen uns daher so deutlich wie möglich der Gründe bewusst werden, warum wir für andere etwas tun.

Warum beschenken wir jene, die wir gerne haben, und nicht jene, die wir unsympathisch finden? Da wir uns tatsächlich so verhalten, sollten wir einmal nach den Gründen fragen. Auch Menschen, die uns nicht mögen, beschenken wir nicht. Warum nicht? Was geht in uns vor, wenn wir entscheiden, für wen wir Geschenke kaufen sollen? Wie treffen wir diese Entscheidungen? Wenn wir uns im Hinblick auf Handlungen, die uns im Allgemeinen selbstverständlich scheinen, Fragen dieser Art stellen, so ist dies nicht nur sehr nützlich, sondern auch äußerst aufschlußreich.

Diese Art der Selbsterforschung ist etwas anderes, als wenn man andere mit schwierigen Fragen in die Enge zu treiben sucht, um dabei selbst in einem möglichst günstigen Lichte zu erscheinen. Es geht vielmehr darum, unsere eigene Motivation zu erforschen, und dies ist ein privater, individueller und völlig innerer Prozess. Versucht also bitte so ernsthaft wie möglich, eure eigene Motivation zu überprüfen.

Wir sind uns alle darin einig, dass Jesus und Buddha Heilige gewesen sein müssen. Und dennoch hatte es sich keiner von beiden zur Gewohnheit gemacht, anderen materielle Dinge zu schenken. Ihr größtes Geschenk bestand darin, dass sie lehrten, wie man vollkommene Erkenntnis erreichen kann. Sogar wenn Jesus Brot austeilte, war dies nur der äußere Ausdruck seines inneren Anliegens, nämlich die Menschen dahin zu führen, dass sie den Heiligen Geist in sich selbst wahrnehmen konnten. Die Art und Weise, wie er das Brot gab, half den Menschen ewig währenden Frieden und dauerhaftes Glück zu erreichen. Schließlich war Jesus nicht einfältig, er wusste genau, was er tat. Seine Weisheit war höher entwickelt als die eines jeden von uns.

Die Art, in der wir normalerweise anderen etwas schenken und ihnen unsere Liebe zeigen, ist ziemlich einfältig. Wenn wir jemandem sagen: »Ach, ich habe dich so gerne!«, so entsteht in uns oft ein Gefühl gesteigerter Emotionalität, das Ursache zahlreicher Missverständnisse und innerer Konflikte ist. Und die Geschenke, die wir dann machen, werden nicht spontan gegeben, sondern es steckt letztlich eine Absicht dahinter. Ist das Liebe?

Wenn wir einmal unsere Intelligenz und unsere Lebenserfahrung dazu nutzen, um dieses Problem zu durchdringen, so müssen wir erkennen, dass das Wesen wahrer Religion in krassem Gegensatz zu unserem bisherigen Verhalten steht. Jetzt ist es an der Zeit, eine genaue Selbstprüfung vorzunehmen. Bevor wir uns anderen Dingen zuwenden, überlegt in dieser Woche einmal, wie es wäre, wenn wir aus einer völlig neuen Motivation heraus handeln würden. Welche Reaktion ruft dieser Vorschlag in euch hervor? Wenn Weihnachten einen Sinn haben soll, müssen wir uns bewusst ganz anders als üblich verhalten. Das bedeutet allerdings nicht, dass wir uns äußerlich ändern sollten, sondern wir müssen uns um eine andere geistige Einstellung bemühen. Auf diese Weise können wir dem Fest der Geburt Christi einen tieferen Wert verleihen. Versucht bitte, euch dies vor Augen zu halten und in der kommenden Woche möglichst wachsam zu bleiben.

Versucht in euch selbst zu entdecken, was echte Stille bedeutet: die Stille eines Geistes, der seinen Frieden gefunden hat. Sorgt euch nicht darum, ob die Vorträge des Lama viele oder wenige Worte enthalten –

Worte sind billig. Das Beste ist, intensiv über das Gehörte nachzudenken. Dazu braucht man nur eine einfache Frage im Gedächtnis zu bewahren: Wie kann ich inneren Frieden erreichen? – und sich diese Frage immer wieder zu stellen. Wenn man sich genügend Zeit lässt, um darüber nachzudenken, wird sich früher oder später eine Antwort einstellen.

Unser Geist lässt sich mit einer steinernen Mauer vergleichen: Obgleich wir die Lehren so vieler Religionen und Philosophien vernommen haben, sind sie niemals in unser Bewusstsein eingedrungen. Trotz dieser vielen Worte können wir weder uns selbst noch die Welt um uns herum besser verstehen. Dies ist – meiner Überzeugung nach – genau die Situation, in der wir uns befinden.

Wenn wir das richtige Bewusstsein hätten, könnten uns die Gegebenheiten unserer Umwelt nichts anhaben – wir wären stets ruhig und heiter. Doch wir sind es keineswegs. Wenn uns zum Beispiel jemand wegen einer Wissenslücke – und wäre sie noch so unbedeutend – verspotten wollte, so würden wir sofort heftig reagieren.

»Weißt du, wie Coca Cola hergestellt wird?«

»Nein, ich habe keine Ahnung, wie es gemacht wird – ich bin wirklich sehr ungebildet.«

Aber ist das wichtig? Was nützt es, letztlich zu wissen, wie Coca Cola hergestellt wird? Buddha fand jene Erkenntnisse, die zu ewigem Frieden führen, in sich selbst – er brauchte nicht zu wissen, wie Coca Cola hergestellt wird. Denkt darüber nach, was wichtig ist und was nicht. Auch

Jesus entdeckte die Quelle des Friedens in sich selbst. Er musste keine Atombombe bauen, um diesen Frieden zu finden.

Wie aber leben die Männer, Frauen und Kinder in unserer modernen Zeit? Sie sind vollständig eingeengt von ihren unreflektierten Meinungen, so dass sie nur immer mehr Verwirrung und Hektik in ihr Leben bringen. Es fehlt ihnen das umfassende Integrationsvermögen, denn das immense Wissen, das sie angesammelt haben, ist nicht verdaut und Schlussfolgerungen sind nicht gezogen worden. Trotz ihrer Bildung sind sie nicht imstande, ihre seelischen Konflikte zu bewältigen und inneren Frieden zu erreichen. Man sagt, der moderne Mensch sei so intelligent – doch was nützt uns diese Intelligenz, wenn wir sie nur dazu gebrauchen, uns gegenseitig zu hintergehen? Ihr seid von weit hergekommen, um den Lama zu hören – ich hoffe, es kränkt euch nicht, dass ich euch unangenehme Wahrheiten sagen musste. Fast jeder meiner Sätze enthielt eine Kritik. Doch damit wollte ich nicht andeuten, dass ihr, die hier Anwesenden, selbst die erwähnten negativen Eigenschaften habt. Es mag jedoch sein, dass einige meiner Worte etwas in euch berühren – in diesem Fall solltet ihr euch selbst prüfen, denn dadurch lassen sich negative Tendenzen überwinden. Wenn euch etwas verwirrt, dann blickt nach innen und ergründet euch selbst. Beobachtet, was sich in eurem Inneren abspielt. Auf diese Weise werdet ihr die Fähigkeit erlangen, aus eurem Verhalten umfassende und kluge Schlussfolgerungen zu ziehen. So wird es auch möglich sein, Erfüllung im eigenen Leben zu gewinnen. Bedenkt, dass selbst Shakyamuni Buddha seinen

Weg als verblendetes Wesen begann und die Erleuchtung schließlich dadurch erlangte, dass er sich in der eben angeführten Weise selbst erforschte.

Ruhe, Zufriedenheit und Sicherheit sind in erster Linie innere Zustände. Es ist daher wichtiger, sich mit dem eigenen seelisch-geistigen Zustand zu beschäftigen, als sich von konfusen gesellschaftlichen Problemen ablenken zu lassen. Denkt nicht: »Wie kann ich jemals Frieden in mir finden, wenn so viele Länder Krieg führen? Nieder mit den Unterdrückern!« In den meisten Fällen sind dies nur leere Worte. Statt eure Energie so fruchtlos zu vergeuden, versucht lieber, den inneren Frieden zu erlangen. Das ist viel realistischer – nutzbringender und sinnvoller – als oberflächliches Politisieren. Solche Gespräche können überhaupt nichts zur Änderung der äußeren Situation beitragen, sondern sie steigern vielmehr die eigene Nervosität und machen alles nur noch schlimmer. Es ist ein unreflektiertes Schwelgen in Gefühlen, ohne jegliches Wissen und Weisheit. Wer dagegen die echte Erfahrung des inneren Friedens macht, indem er die eigenen Motivationen überprüft und seinen Geist schult, der kann diesen Frieden auch mit anderen teilen. Dadurch lassen sich äußere Situationen entscheidend beeinflussen, wobei dies die wirkungsvollste Methode zur Verbreitung des Friedens in der Welt ist.

Wir sind stolz auf unser logisches Denkvermögen. Wenn nun alle innere Ruhe und Zufriedenheit erreichen würden, so gäbe es keinen Anlass mehr für Kriege, nicht wahr? Ist das nicht logisch? Man denke an irgendeinen internationalen Konflikt und überlege sich, was geschähe, wenn die Menschen auf beiden Seiten innerlich ruhig und zufrieden wären. Was würde geschehen? Anzunehmen, dass Friede mit aggressiven Methoden erreicht werden könnte, ist der Gipfel der Ignoranz.

»Wir brauchen Frieden, deswegen töte ich.«

Wie absurd! Wie ich bereits erwähnte, liegt der einzige Weg, der zu wahrem Frieden führt, im Entdecken des eigenen inneren Friedens. Das ist die einzige wirkungsvolle Lösung des Problems.

Verlasst euch nicht auf meine Worte zu diesen Dingen! Denkt selbst darüber nach und prüft, ob sie sinnvoll sind oder nicht. Macht Gebrauch von eurer eigenen Klugheit und übernehmt nicht blind, was euch jemand erzählt, der gekleidet ist wie ein Lama. Das bloße Zuhören – ohne dass man Folgerungen daraus zieht, die sich mit eigenen Erfahrungen und Erkenntnissen verbinden – ist Zeitvergeudung und lässt manch einen noch verwirrter zurück. Was ihr hört, müsst ihr in eure bisherigen Erfahrungen integrieren, und dann gilt es, einen gemeinsamen Nenner zu finden. Seid aufmerksam und legt euch nicht fest, ehe sich ein zufrieden stellendes Ergebnis anbietet. In diesem kurzen Leben ist kein Platz für die Überheblichkeit leerer Worte. Versucht euer Verständnis wach zu halten und lasst euch dies zur täglichen Praxis werden.

Ich danke euch und wünsche euch frohe Weihnachten!

Jesus hat euch ganz gewiss gesegnet – denn tatsächlich seid ihr schon gesegnet. Ich bin mir dessen sicher, dass eurer Beziehung zu ihm ein zyklisches Muster der Wiedergeburt zugrunde liegt, auch in astrologischer Hinsicht. Es war notwendig, dass Jesus genau zu seiner Zeit kam und seine Lehre verkündete. Zudem muss bereits eine besondere Verbindung existiert haben, die euch jetzt einen Erkenntnisprozess auf Grund dieser Lehren ermöglicht und die sich segensreich auf euer innerstes Wesen, auf die tiefste Bewusstseinsebene, auswirkt. Dessen bin ich mir sicher. Ihr hättet niemals grundlegende Einsichten erworben, wenn ihr euch nicht auf irgendeine positive Weise vorbereitet hättet, wobei euer eigenes Verständnis die Grundlage bildet. Glaubt nicht, man brauche lediglich erwartungsvoll zum Himmel zu blicken, und bekäme ohne jede eigene Anstrengung alles von Jesus geschenkt.

Nirgendwo in den Lehren Jesu heißt es, dass es nicht notwendig sei, selbst etwas zur Erlangung von Erkenntnissen zu tun. Dennoch haben viele Menschen falsche Vorstellungen darüber. Sie glauben, sie könnten selbst nichts zur Entwicklung ihres Bewusstseins beitragen. Dies ist ein großes Problem. Gottes Wunsch ist es, dass alle Menschen rein und heilig werden, ohne Unterschiede zwischen Ost und West, schwarz und weiß und so weiter. Für mich bedeutet »Gott«: ohne falschen Glauben, der Verwirrung in unserem Geist anrichtet, zu sein. Doch Gedanken, wie »Ich kann nichts tun, es liegt nicht in meiner Macht, mir selbst zu helfen«, zementieren nur die eigene Beschränktheit. Jeder von euch hat die Kraft, seinen Geist mit Gedanken des Friedens oder der Aggression zu erfüllen. Ihr habt die Wahl. Das heißt nicht, dass man nun unbedingt etwas Physisches tun müsse. Es geht vielmehr darum, das Wesen des menschlichen Geistes zu erfassen. Nur indem ihr auch euren Verstand zu Hilfe nehmt, um den eigenen spirituellen Weg zu verwirklichen, könnt ihr jemals das höchste Ziel erreichen: Frieden und Glück.

Anstatt bis zum Weihnachtstag nur meine Belehrungen zu besuchen, solltet ihr handeln. Ihr habt bereits umfangreiches Material zur Meditation, denkt nun intensiv über all das Gehörte nach. Mit anderen Worten: zieht euch zurück – nicht körperlich, sondern in euren Geist.

Wenn wir uns am Weihnachtsabend wiedersehen, um die Geburt Jesu Christi zu feiern, so sollte dies in friedvoller Atmosphäre, voll guter Schwingungen und mit einem frohen Geist geschehen. Das wäre wunderbar. Wenn jemand aber eine zornige Gesinnung zur Feier mitbringen würde, wäre das wirklich sehr traurig. Kommt lieber mit einer schönen Motivation und mit viel Liebe. Vermeidet jegliches Denken, das die Unterschiede zwischen den Menschen betont – seht vielmehr alles als goldene Blume an, auch euren schlimmsten Feind. Dann wird Weihnachten, das allzu oft den Geist nur überreizt, zu etwas wirklich Schönem.

Wer seine geistige Einstellung ändert, für den ändern sich auch die äußeren Erscheinungen. Dies bedeutet eine echte geistige Wende, daran besteht kein Zweifel. Ich bin kein besonderer Mensch, aber ich habe diese Veränderung erfahren – sie funktioniert. Ihr seid sehr intelligent, und somit könnt ihr auch diesen Aspekt des Geistes – dass er sich selbst und seine Umgebung verändern kann – verstehen. Nichts spricht dagegen, dass dies eine Veränderung zum Guten sein wird. Einige von euch denken womöglich: »Mit Jesus und der Bibel möchte ich eigentlich nichts zu tun haben.« Dies ist eine äußerst negative emotionale Einstellung gegenüber dem Christentum. Wenn ihr es wirklich verstehen würdet, dann würdet ihr auch erkennen, dass die Botschaft Jesu lautet: »Liebe!« So einfach – und so bedeutungsvoll – ist seine Lehre. Wenn in euch wahre Liebe wäre, so wäre auch viel mehr Friede in euch – dessen bin ich mir sicher. Wie denkt ihr normalerweise über Liebe? Seid ehrlich! Eure Vorstellung ist doch immer damit verbunden, dass man unterschiedliche Gefühle für andere Menschen empfindet. Seht euch nur einmal um und stellt fest, ob ihr jeden in diesem Raum liebt. Warum unterscheidet ihr so scharf zwischen Freund und Feind? Warum seht ihr einen so großen Unterschied zwischen euch selbst und den anderen? Die buddhistische Lehre nennt diese Haltung, die zu unrecht Unterscheidungen vornimmt, Dualismus. Jesus bezeichnete eine solche Einstellung als das Gegenteil wahrer Liebe. Gibt es irgendjemanden unter uns, der die reine Liebe in sich hat, von der Jesus sprach? Wenn nicht, so sollten wir seine Lehre nicht kritisieren oder annehmen, dass sie für uns keine Bedeutung habe. Wir sind es, die sich im Irrtum befinden. Vielleicht kennen wir die Worte seiner Lehre, aber niemals handeln wir danach. In der Bibel gibt es so viele schöne Sätze. Ich erinnere mich jedoch nicht gelesen zu haben, dass Jesus jemals sagte, der Heilige Geist würde auf euch herabkommen – schwupps! – ohne dass man selbst etwas dazu tut, ohne sich selbst auf irgendeine Weise darauf vorzubereiten. Wenn ihr nicht so handelt, wie er es euch sagte, dann gibt es auch keinen Heiligen Geist für euch. Was ich in der Bibel gelesen habe, entspricht in seiner Bedeutung den buddhistischen Lehren über den Gleichmut, das Mitgefühl und die Umwandlung der Ichbezogenheit in Liebe zu anderen Menschen. Es mag einem nicht sofort klar sein, welche Übungen den Geist auf eine Weise formen, dass er diese Haltungen entwickelt. Doch zweifellos ist es möglich, nur Selbstsucht und Engstirnigkeit hindern uns daran.

Wenn das richtige Bewusstsein vorhanden ist, beschäftigt sich unser Geist nicht mehr auf egoistische Weise nur mit seinem eigenen Heil. Wahre Liebe schließt dualistisches Verhalten aus: dass man sich einigen Menschen sehr verbunden fühlt, andere lieber von sich fern hält und den übrigen völlige Gleichgültigkeit entgegenbringt. Das ist so einfach zu durchschauen.

Im Durchschnittsmenschen ist der Geist stets mit sich selbst im Zwiespalt. Er sieht sich fortwährend zum Kämpfen veranlasst und macht so den eigenen Frieden zunichte. Erforscht jetzt einmal euer Inneres und findet heraus, wie ihr eure Mitmenschen seht. Stellt euch zuerst einen Freund und anschließend einen Feind vor und beobachtet eure geistige Reaktion. Ganz spontan empfinden wir Zuneigung für denjenigen, den wir »Freund« nennen und Abneigung gegenüber demjenigen, den wir »Feind« nennen – doch beide Reaktionen sind das Gegenteil von Frieden. Sie sind negativ und bewirken nichts als Leid.

Die Lehren über die Liebe sind sehr praktisch. Ihr solltet die Religion nicht irgendwo in den Himmel tun und euch selbst als erdgebunden fühlen. Sobald die Handlungen eures Körpers, eurer Rede und eures Geistes im Einklang mit liebender Güte sind, ist man ein wahrhaft religiöser Mensch geworden. Religiosität bedeutet nicht, gewisse Gottesdienste zu besuchen. Wer die Lehren hört und sie falsch interpretiert, ist genau das Gegenteil von religiös. Und wer die Religion beschimpft, tut dies oft nur, weil er gewisse Lehren nicht versteht.

Wo kein echtes Verständnis herrscht, entsteht Parteilichkeit. Das Ich denkt: »Ich bin Buddhist, folglich muss das Christentum etwas Falsches sein.« Dies schadet dem religiösen Gefühl sehr. Denn man vernichtet eine Religion nicht mit Bomben, sondern mit Hass. Und was noch schwerer wiegt: Man vernichtet so den eigenen inneren Frieden. Dabei bleibt es sich gleich, ob man seinen Hass in Worte kleidet oder nicht. Auf Worte kommt es nicht an, schon allein ein hasserfüllter Gedanke zerstört den inneren Frieden. Ebenso ist auch wahre Liebe nicht auf den körperlichen Ausdruck angewiesen. Ihr solltet dies ganz klar erkennen. Wahre Liebe ist ein sehr tiefes Gefühl. Mit einem Lächeln und einem glücklichen Gesichtsausdruck ist es nicht getan. Liebe entspringt vielmehr einem tiefempfundenen Verständnis für das Leid in jedem Wesen und strahlt auf alles aus, ohne Unterschiede zu machen. Sie bevorzugt nicht einige wenige Auserwählte, um alle Übrigen auszuschließen. Das ist wahre Liebe.

Wenn man von jemandem geschlagen wird, ist die eigene Reaktion darauf oft Ärger oder Angst, und man ruft aus: »Was hat man mir angetan!« Auch dies hat nichts mit einem Bewusstsein zu tun, das sich über die Bedeutung wahrer Liebe im Klaren ist, sondern es ist lediglich die beschränkte Konzentration des Ich auf sein eigenes Wohlergehen. Wie viel mehr Weisheit liegt in der Erkenntnis: »Schläge schaden mir nicht wirklich. Blindmachende Hassgefühle dagegen sind ein Feind, der mir viel mehr schadet.« Gedanken wie diese sind ein Nährboden für wahre Liebe.

Ich hoffe, meine Worte können dazu beitragen, dass die Feier von Jesu Geburt für euch einen Sinn erhält, denn dies ist das einzige Ziel meiner Äußerungen. Ich danke euch.

Ich bin der Meinung, dass wir uns wahrhaft glücklich schätzen können. Der Grund zur Freude liegt hauptsächlich darin, dass uns ein kostbarer menschlicher Körper gegeben ist, denn aufgrund dieses Menschseins ist jeder von uns in der Lage, im Verlauf seines gegenwärtigen Lebens in sich die Jesusnatur bzw. den Heiligen Geist zu entdecken. Vom relativen Standpunkt aus betrachtet, war Jesus ein Mann, der an einem bestimmten Tag geboren wurde, ein ganz bestimmtes Aussehen und eine bestimmte Lebensweise hatte. Weil uns dieser Mann seine Lehre überbrachte, feiern wir zu Weihnachten seine Geburt. Von einem absoluten Standpunkt aus betrachtet, liegt die Bedeutung von Weihnachten jedoch darin, dass wir genau an diesem Tag die heilige Jesusnatur in unserer eigenen Seele bzw. in unserem Geist wahrnehmen können. Die gleiche Art von Kraft, über die Jesus verfügte, können wir nach und nach auch in uns entwickeln und schließlich völlig erreichen. Dass wir dies vermögen, ist ganz sicher. Glaubt nicht, wir seien nur kleine, unbedeutende Geschöpfe, während Jesus und Gott etwas anderes seien. Es besteht überhaupt kein Unterschied zwischen dem Heiligen Geist, Jesu Christo, dem transzendenten Charakter der Gottesnatur und der letztendlichen Natur unseres eigenen Geistes.

Irrtümer und falsche Vorstellungen verdunkeln gegenwärtig unseren Geist, der daher vorübergehend unklar ist. Zweifellos besitzen wir die Fähigkeit, die Dinge klar und genau zu sehen, doch stattdessen tasten wir im Dunkeln des Verhaftetseins umher und halten an dem täuschenden Weltbild fest, das uns unsere Sinne vermitteln. Solange wir uns im Dunkeln bewegen, können wir den Heiligen Geist, die absolute, wahre Natur in unserem eigenen Bewusstsein, nicht entdecken.

Die wahre Natur dieses Bewusstseins, unserer menschlichen Seele, ist, dass es Wissen besitzt, welches die Vereinigung mit der unendlichen, wahren Gottesnatur – dem stets wachen, universalen Bewusstsein – ermöglicht. Aber wir müssen herausfinden, wie diese Vereinigung geschieht. Es ist definitv möglich, sie zu erreichen und dadurch eins mit Jesus zu werden, mit der reinen Natur seines Heiligen Geistes.

Relativ betrachtet war Jesus nur ein Mensch, doch endgültig ist er diese absolute Natur des Heiligen Geistes. Das bedeutet, dass alle – nicht nur alle Menschen, sondern ausnahmslos jedes fühlende Wesen – diese

erhabene Seinsstufe erreichen können. Es gibt kein einziges Geschöpf auf Erden, dem diese potentielle Anlage fehlt.

In der Bibel steht, dass Jesus vom Heiligen Geist geboren ist – Gottes und Menschensohn. Auch wir können Gottes Kinder werden. Wir dürfen nicht glauben, wir seien ewige Sünder. Kein einziges Wesen leidet ewig, und auch keine Sünde ist ewig. Wir werden nur so lange leiden, wie unser Geist verunreinigt und befleckt ist von falschen Vorstellungen über die Wirklichkeit. Das Leid dauert nicht ewig, alles befindet sich in stetem Wandel. Unsere Umgebung ändert sich und auch die Art unseres Leids und unserer Unzufriedenheit. Wenn die Sünde ewig andauern würde, würden auch wir ewig existieren. Es wäre das Gleiche, wenn ein Teil unseres Körpers, zum Beispiel unsere Hand, ewig wäre und sich nie veränderte. Daraus müsste man wiederum folgern, dass wir selbst ewig existierten. Welches Glück wäre das für uns! Wir bräuchten keine Angst mehr vor dem Sterben zu haben. Wir wären die ersten Menschen auf Erden, die ewig leiden würden! Doch dies sind völlig absurde Spekulationen, denen sich nur ein verblendeter Geist hingibt. Mit der Wirklichkeit haben sie nichts gemein.

Es gibt kein menschliches Problem, das sich nicht lösen ließe. Die Vorstellung von ewiger Sünde und fortwährendem Leid verursacht nur Unruhe und Schuldgefühle, was wiederum zu Neurosen und anderen Formen von seelischen Erkrankungen führt. Wer sich mit solch falschen Ideen herumschlägt, gerät in einen hoffnungslosen Zustand, in dem Unwissenheit und Verblendung vorherrschen. Solche Menschen haben ihrem Leben den Sinn genommen, und es bleibt nur noch Verzweiflung. In dem Maße jedoch, in dem wir ein tieferes Verständnis entwickeln, gewinnen wir größere Kenntnisse, und somit werden wir innerlich reiner. Dies führt schließlich dazu, dass wir die wahre göttliche Kraft erlangen: die reine Weisheitsmacht der Liebe. Auf diese Weise ist es möglich, eins zu werden mit Jesus und wiedergeboren zu werden im Heiligen Geist.

Es gibt so viele Gründe zur Freude für uns, die wir gesegnet sind mit der Freiheit und den Möglichkeiten, die unser Menschsein uns beschert. So können wir uns an der Wirkung eines Lebens wie dem von Jesus Christus erfreuen und darüber nachdenken. Wir können seine auf göttliche Weisheit beruhende Liebe begreifen und sie als eine Kraft erkennen, die nicht das Geringste zu tun hat mit dem Feld der Schwerkraft dualistischer Verhaftung. Aus diesen Gründen denke ich, dürfen wir uns ungeheuer glücklich schätzen – ich hege keinen Zweifel daran, welch großes Glück unsere Existenz bedeutet.

Außerdem freut es mich ganz besonders, dass ihr so zahlreich aus dem Westen gekommen seid in einem Gefühl der Verbundenheit und der Einheit. Hier herrscht nirgends der Glaube, dass der Lama irgendwo vom Himmel herabgestiegen sei, während ihr armen Menschen aus der Erde gekrochen seid. Nichts dergleichen.

Wir sind aus so vielen verschiedenen Ländern zusammengekommen, wir sind wirklich international. Und das Schönste dabei ist: Wir kommen aus den unterschiedlichsten gesellschaftlichen Lebensumständen und doch teilen wir die gleichen Empfindungen. Das ist Wirklichkeit, echtes Mitgefühl. Hier denkt niemand: »Er ist Engländer, du bist Tibeter, ich bin Amerikaner: wir sind alle so verschieden!« Allein diese Erfahrung der Einheit segnet euch. Sorgt euch also nicht und zweifelt auch nicht daran, dass Gottes Segen mit euch ist. Dieses Gefühl der Einheit selbst ist Gottes Segen. Es gibt so viele Gründe zur Freude, deswegen bin ich sehr glücklich. Ich danke euch allen sehr.

Fragen und Antworten

Frage: Haben Sie irgendeine besondere Botschaft für uns aus dem Westen, die sich auf die gegenwärtige Weihnachtszeit bezieht?

Lama Yeshe: Der Zweck des Weihnachtsfestes liegt darin, dass jeder gesund und glücklich ist. Daher sollten wir dafür sorgen, dass wir auf organische, das heißt natürliche Weise feiern, und nicht, wie es der konkreten Tradition entspricht. Wir müssen uns den natürlichen Fluss der Dinge bewusst vor Augen halten und uns nicht von alten Bräuchen einengen lassen. Dieser Fluss betrifft sowohl unsere Gedanken als auch unsere konkreten Handlungen. Wir sollten uns unseres Körpers und Geistes bewusst sein und auch darüber, wie wichtig es ist, dass beide gesund sind.

Frage: Weihnachten als die Feier einer Geburt ist besonders ein Festtag für Kinder. Wie lässt sich dies mit dem natürlichen Feiern in Verbindung bringen?

Lama Yeshe: Jesus sagte, wenn wir nicht würden wie die Kinder, so könnten wir nicht ins Himmelreich eingehen. Die Bedeutung dieses Rates kann für manchen ein Problem darstellen. Ich glaube, es bedeutet, dass unser Körper und Geist im Allgemeinen nicht gesund sind, weil unsere Vorstellungen – zum Beispiel darüber, was Leben ist, usw. – zu konkret und schon zu festgelegt sind. Demnach würde »wie die Kinder zu werden« bedeuten, natürlicher zu sein oder die natürliche Wirklichkeit dessen zu entdecken, was wir als Menschen sein und tun können und nicht in die Falle unserer Fantasiewelt zu geraten, einer Welt der festgefahrenen Ideen. Normalerweise übersehen wir das Natürliche und halten stattdessen an einem Fantasiebild von der Wirklichkeit fest. Es ist wichtig, dies zu erkennen.

Frage: Spirituell gesehen bedeutet also, »wie die Kinder zu werden«, natürlicher zu sein. Aber manche Menschen setzen »natürlich« mit »neurotisch« gleich. Was meinen Sie dazu?

Lama Yeshe: So wie ich das Wort immer gebraucht habe, bedeutet »natürlich«, anders zu sein als nur intellektuell und steril. Es bedeutet, organischer zu leben, und das kann sehr tief gehen. Kinder haben zum Beispiel etwas Offenes an sich, das wir alle kennen. Sie blockieren ihren Verstand nicht. Ihren Gefühlen lassen sie freien Lauf. Sie zeigen ihre schlechten und ihre guten Seiten. Mit anderen Worten, sie äußern sich offen. Erwachsene dagegen lassen sich allzu oft vom Intellekt beherrschen. Diese starre intellektuelle Kontrolle unterdrückt das Unterbewusste im Menschen und verhindert, dass es sich ausdrückt. Die Folgen sind eine gestörte Kommunikationsfähigkeit und negative Gedanken. Kinder wiederum sind anders. Wenn sie sich ärgern, so zeigen sie ihren Unmut sofort. Wenn sie sich freuen, sagen sie es gerade heraus: »Ich freue mich über dich.« Diese Art der Offenheit ist natürlicher, sie entspricht unserer menschlichen Natur mehr als die unechten Reaktionen eines neurotischen Geistes.

Unbefriedigende Beziehungen zwischen Erwachsenen können entstehen, weil sie ihre natürliche Energie irgendwie blockieren. Die Folge davon ist eine blockierte Kommunikation. Ehekrisen zum Beispiel entstehen oft, weil die Kommunikation gestört ist. Im Allgemeinen sind solche Blockaden die Ursache für alle Arten von neurotischem und unbefriedigendem Verhalten.

Frage: Wenn Menschen sich schon daran gewöhnt haben, ihre Energie zu blockieren, wenn sie es verlernt haben, offen und direkt zu sein, wie können sie das natürliche Kind in sich wiederfinden?

Lama Yeshe: Zuallererst muss man sich einfach akzeptieren als das, was man ist, anstatt ständig ein anderer sein zu wollen. Menschen, die von ihrem illusionären Intellekt beherrscht werden, akzeptieren sich nicht. Daher sind sie auch nicht wirklich intelligent, denn sie sind unfähig, ihre inneren Qualitäten zu entdecken. Stattdessen suchen sie solche Qualitäten außerhalb von sich selbst und ihrer eigenen Wirklichkeit – dies ist ähnlich, wie wenn man denkt: »Ich möchte gern eine Blume sein.« Die Menschen wären jedoch viel glücklicher, wenn sie ihre guten Eigenschaften erkennen würden und lernen könnten, ihre Wirklichkeit als solche, als das, was sie ist, zu akzeptieren. Das wäre viel besser.

Frage: Sie haben darüber gesprochen, dass man im Heiligen Geist geboren oder wiedergeboren werden kann. Was bedeutet das aus buddhistischer Sicht?

Lama Yeshe: In der buddhistischen Lehre nennt man den Beginn einer solchen spirituellen Wiedergeburt »Zuflucht nehmen«. Dies kann man kurz folgendermaßen erklären: An einem gewissen Punkt im Leben wird sich ein Mensch bewusst, dass ein Teil seines eigenen Wesens schwach oder unterentwickelt ist. Dann wird ihm klar, dass diese dunkle, schattenhafte, unbefriedigte Energie sich in einer Weise bemerkbar macht, die Verwirrung und Leid hervorruft. Angesichts dieses Prozesses von Ursache und Wirkung sucht der Mensch schließlich die befreiten oder Buddha-Dharma-Eigenschaften wahrer Weisheit. Der Suchende nimmt Zuflucht zu diesen Eigenschaften und wünscht aufrichtig, diese Weisheit bzw. dieses Dharma-Verständnis zu verwirklichen und seine alten Gewohnheiten um einer besseren Sache willen abzulegen.

Frage: Demnach bedeutet es auch für einen Nichtbuddhisten Zufluchtnahme, wenn er irgendeinen spirituellen Weg einschlägt?

Lama Yeshe: Ja, genau. Jedesmal wenn ich eine Zuflucht-Zeremonie abhalte, erläutere ich, dass das eigentliche Zufluchtnehmen bedeutet, einen Geisteszustand zu fördern, in dem man Befreiung sucht vom Leid und seinen Ursachen. Die speziellen methodischen Mittel jedoch, zum Beispiel was man sich während der Zeremonie vorstellen sollte, bleiben jedem einzelnen selbst überlassen. Man braucht nicht unbedingt die traditionellen buddhistischen Figuren zu verwenden. Wenn es jemandem leichter fällt, kann er zum Beispiel Christus visualisieren.

Frage: In diesem Zusammenhang taucht die Frage auf, ob ein Widerspruch besteht, wenn man sich als Buddhist betrachtet und auch tiefe Verehrung für Jesus empfindet?

Lama Yeshe: Nein, nicht im Geringsten. Ich halte das sogar für etwas sehr Schönes. Unsere Kurse werden von vielen Menschen besucht, die sich als Buddhisten betrachten, und dennoch eine tiefempfundene Achtung für die bedeutenden Taten, die Bodhicitta-Handlungen und die göttlichen Eigenschaften Jesu Christi haben. Sie empfinden Verehrung für ihn. Es kommen auch viele Christen zu diesen Kursen, weil sie auf der Suche nach einer Art Methode sind, wie sie die buddhistische Meditationspraxis darstellt, um damit ihren eigenen Glauben besser ausüben zu können. Diese Erfahrung habe ich wiederholt gemacht, und daher habe ich die Zufluchts-Zeremonie gelegentlich so abgehalten, dass sie im Einklang war mit den religiösen Erfahrungen dieser Menschen.

Das Ausüben der Zufluchtsnahme bringt es mit sich, dass ein besonderes Objekt der Zuflucht visualisiert werden muss, und ich ermutige jeden, das zu wählen, was eine wirkliche Bedeutung für ihn hat. Dieses Objekt – einige psychologische Schulen nennen es Archetypus – kann der buddhistischen oder aber einer anderen Tradition entnommen sein.

Im Jahre 1975 war ich zum Beispiel mit einer Gruppe Christen in

Indiana, USA, und es herrschte großes Interesse an dem Prinzip der Zuflucht. Die Gruppe versprach sich viel von einer Methode, die es ihnen erlauben würde, ihre Energie in spirituelles Wachstum umzusetzen. Daher führte ich eine Zufluchts-Zeremonie durch, die eigens auf ihrer Verehrung für Jesus aufgebaut war. Und kürzlich, bei einem Kurs in der Schweiz, dessen zweihundert Besucher größtenteils Christen waren, verfuhr ich in gleicher Weise. Es hat den Einzelnen viel gegeben.

Frage: Können Sie einmal kurz beschreiben, wie eine Meditationsübung für einen Anhänger Jesu aussehen könnte?

Lama Yeshe: Als tägliche Übung eignet sich Folgendes: Sitze, oder wenn du möchtest, knie in bequemer Haltung, das heißt entspannt, aber mit geradem Rücken. Visualisiere dann mit deinem geistigen Auge Jesus vor dir. Auf seinem Gesicht liegt ein ruhiger, friedvoller und liebender Ausdruck. Als Vorlage für diese Visualisierung kann ein Bild verwendet werden, das den auferstandenen Christus oder Jesus beim Predigen darstellt.

Stell dir dann eine Fülle von strahlendem, weißem Licht vor, das vom Scheitel seines Hauptes auf deinen eigenen Scheitel fällt. Dieses weiße Licht ist seinem Wesen nach segensreiche Energie, und wenn es in deinen Körper eindringt, tilgt es jegliche körperliche Verunreinigung oder Sünde, die sich im Laufe zahlreicher vergangener Leben angesammelt hat. Diese segensreiche weiße Energie reinigt den Körper von allen Krankheiten, sogar Krebs und aktiviert und erneuert die Funktionen des gesamten Nervensystems.

Stell dir auf ähnliche Weise rotes Licht vor, das von der Kehle Jesu ausgeht und in deine eigene hineinstrahlt und dabei dein Stimmzentrum völlig mit einem Gefühl der Glückseligkeit erfüllt. Wenn deine Probleme mit dem Sprechen zusammenhängen – wenn du häufig lügst oder unbeherrschte Bemerkungen machst, andere verleumdest, zu harte Worte gebrauchst und dergleichen mehr – so wird dich diese segensreiche Energie von allen derartigen Mängeln läutern, und schließlich wirst du die göttlichen Qualitäten des gesprochenen Wortes entdecken.

Als Nächstes strahlt vom Herzen Jesu aus ein unerschöpfliches blaues Licht in dein eigenes Herz hinein und befreit deinen Geist von all seinen falschen Vorstellungen. Diese segensreiche blaue Ausstrahlung reinigt dein selbstsüchtiges und kleinliches Ich, das man als das Oberhaupt deiner Verblendung bezeichnen könnte, und es vertreibt so zersetzende Eigenschaften wie Begierde, Hass und Unwissenheit, allesamt Werkzeuge des Ego. Der unentschlossene Geist, der stets zweifelnd ist und zwischen zwei Möglichkeiten schwankt, wird klar. Und auch der kleinliche, engstirnige Geist, der aufgrund seines eingeschränkten Blickfeldes unfähig ist, die Gesamtheit aller Dinge wahrzunehmen, erfährt eine Läuterung. Sobald die Energie des Lichtes deinen Geist erfüllt, wird dein Herz weit wie der blaue Himmel und schließt in sich die gesamte kosmische Realität ein.

Diese dreifache Reinigung von Körper, Sprache und Geist kann den Anhängern von Jesus von großem Nutzen sein. Wem es nicht gelingt, die gesamte Figur zu visualisieren, der sollte sich lediglich auf das Herz

Jesu konzentrieren. Aus der Herzgegend strahlt eine Fülle von segensreicher, weißleuchtender Energie ins eigene Herz und tilgt alle Verunreinigungen. Dies ist eine vereinfachte Übung, die aber dennoch sehr hilfreich sein kann.

Du kannst diese Meditation dadurch abrunden, dass du dir eine weiße Lotosblume vorstellst, die in deinem Herzen erblüht. Die mitfühlende Gestalt Jesu, die vor dir visualisiert ist, sinkt dann in dein Herz ein und manifestiert sich auf diesem Lotossitz. Alles, was du danach isst oder trinkst, wird zu einer Opfergabe für Jesus in deinem Herzen.

Wenn diese Meditation täglich konzentriert und mit einer reinen Motivation ausgeübt wird, kann sie deine gewöhnlichen Gedanken, Worte und Taten wirkungsvoll verwandeln und dich den göttlichen Eigenschaften Jesu näherbringen.

Frage: Ist es angesichts der großen kulturellen Verschiedenheiten der einzelnen Völker möglich – oder überhaupt sinnvoll –, dass die Weltreligionen eine Einheit bilden?

Lama Yeshe: Ja, das wäre ein großer Gewinn.

Frage: Trotz all der Unterschiede zwischen den Menschen?

Lama Yeshe: Ganz sicher.

Frage: Was wäre dann die Basis für diese Einheit? Woraus würde sie resultieren?

Lama Yeshe: Im eigentlichen, realistischen Sinne würde Einheit bedeuten, dass jeder die Lehren seiner bzw. ihrer Religion genauso befolgt, wie sie gemeint sind. Warum? Weil sich Uneinigkeit oder ein Mangel an Harmonie ergeben, wenn die Menschen die Lehren nicht praktisch befolgen, sondern es bei sterilen, intellektuellen und philosophischen Theorien darüber bewenden lassen. Das ist die Ursache für Spannungen und Differenzen. Ich habe aber schon viele wirklich religiöse Menschen aus den verschiedensten Glaubensrichtungen getroffen und dabei erlebt, dass all jene, die ihre Lehre in die Praxis umsetzen, sich schließlich immer einig werden. Hier gibt es keine Unstimmigkeiten. Dies habe ich mehrmals erlebt.

Frage: Wie würden Sie das gemeinsame Ergebnis, die grundlegende Übereinstimmung, zu der diese Menschen kommen, zusammenfassen?

Lama Yeshe: Das ist so einfach: Barmherzigkeit und aufrichtiger Dienst am Nächsten. Das ist die wichtigste aller Lehren: anderen zu helfen und seine Selbstsucht völlig auszulöschen.

Diese mitfühlende Haltung wird im tibetischen Buddhismus *bodhicitta* genannt und ist der Kern unserer Religion. Ich glaube, dass alle Religionen und alle höheren ethischen Systeme darin übereinstimmen, dass wir anderen dienen sollten und unsere übliche Tendenz zur Befriedigung lediglich unserer eigenen Wünsche überwinden müssen. Weil in jeder religiösen Tradition die Wichtigkeit einer derart selbstlosen Haltung betont wird, glaube ich auch, dass jede Religion eine tiefe, sinnvolle Qualität in sich birgt.

Wenn aber heute jemand den Buddhismus oder eine andere der großen Religionen studiert, so konzentriert er sich lediglich auf deren philosophische oder dogmatische Seiten.

Er versäumt es meist, die praktischen Methoden im Alltag anzuwenden, und darin liegt das Problem. Infolge dieses Versäumnisses geht die eigentliche Methode, so wie sie ursprünglich gelehrt wurde, verloren. Stattdessen pflegen viele ihre persönlichen Theorien, Philosophien und konkreten Vorstellungen über dieses und jenes und haben keine Ahnung davon, wie ihre Philosophie oder Theorie mit der Realität ihrer menschlichen Existenz in Einklang zu bringen ist.

Ein Merkmal echter Religiosität ist die Realisierung des höchsten menschlichen Potentials. Deswegen müssen wir den Schlüssel zur Anwendung bzw. die wirkungsvollen Methoden zur geistigen Wandlung erneut suchen und wiederentdecken. Jeder kann philosophische Gespräche führen, aber wer weiß darüberhinaus in welchem Zusammenhang diese Philosophie mit dem eigenen inneren Potential steht?

Der Schlüssel zu diesem Wissen ist verlorengegangen. Und dies ist der Grund für die allgemeine Auflösung und Degeneration der Religionen: sie werden nicht zur Bewältigung der täglichen Probleme herangezogen.

Frage: Sie haben gesagt, dass in der Weihnachtszeit oft Unzufriedenheit statt Freude herrscht und dass sich Kinder destruktiv verhalten als direkte Reaktion auf den elterlichen Einfluss. Können Sie das genauer erklären?

Lama Yeshe: Eltern müssen ihre Kinder sehr gut kennen. Sie müssen versuchen zu verstehen, wie ihr kindlicher Geist funktioniert und wovon Kinder sich beeinflussen lassen. Dafür sind sie verantwortlich. Sie sollten begreifen, dass Kinder entscheidend geprägt werden von ihrer häuslichen Umgebung und dem Verhalten der Eltern untereinander.

Eltern sind sich im Allgemeinen darin einig, dass eine gute Erziehung für ihre Kinder wichtig ist, aber sie denken oft, dies sei allein eine Frage der Schulbildung, die bloßes Sachwissen aus Büchern vermittelt. Aber Erziehung erwächst nicht nur aus Büchern, sondern das meiste von dem, was Kinder lernen, stammt aus ihrer Beobachtung des elterlichen Verhaltens. Die Eltern schaffen gewisse Situationen, und viel öfter ahmen die Kinder das nach, was sie sehen, als dass sie Anweisungen befolgen.

Wenn also Eltern ihre Kinder wirklich gut erziehen wollen, so müssen sie sich selbst verantwortungsvoll verhalten, besonders wenn die Kinder anwesend sind. Wenn die Eltern zum Beispiel in der Weihnachtszeit nur daran denken, was sie einkaufen und organisieren müssen und die Kinder sie ständig wegen solcher Dinge streiten, schimpfen und lamentieren hören, welche Wirkung hat das auf sie? Es sind völlig lächerliche Situationen, und doch kann man sie oft erleben. Eltern müssen sich also dieser Tendenzen bewusst sein und versuchen, sich weniger von den negativen Aspekten der Weihnachtstage mitreißen zu lassen. Stattdessen sollten sie sich mehr auf den tieferen spirituellen Sinn dieses Festes konzentrieren: auf die Verwirklichung unserer einzigartigen menschlichen Qualitäten, unseres inneren Potentials. Das sollte ihre Hauptsorge sein und nicht das Einkaufen und rein weltliche Vorbereitungen.

Frage: Würden Sie bitte ihre Aussage näher erläutern, eine echte Veränderung beruhe weniger auf unseren äußerlichen Aktivitäten als vielmehr auf dem, was sich innerlich, in unserem Geist, abspielt.

Lama Yeshe: Ja, aber das Wissen, das man innerlich gewonnen hat, darf nicht im eigenen Bewusstsein verborgen bleiben, man sollte auch andere daran teilhaben lassen. Damit dies gelingt, müssen wir uns in das Bewusstsein der anderen hineinversetzen. Mit anderen Worten: Wir müssen unsere inneren Erfahrungen in jedem Fall so weitergeben, dass sie anderen nützen.

Wenn wir das Wissen um die innere Wirklichkeit auf diese Weise weitergeben können, so erweisen wir anderen einen echten Dienst. Wenn ich euch zum Beispiel helfen will, so kann ich nichts Besseres tun, als euch zu der Entwicklung eurer eigenen Wirklichkeit hinzuführen; euch ein besseres Bewusstsein und tiefere Kenntnis von euch selbst zu vermitteln.

Frage: Gibt es nicht mehr, was wir tun können, um anderen zu helfen, um eine positive Veränderung zu bewirken, außer der Entwicklung unseres eigenen Bewusstseins und der Hilfe für andere, das ihre zu entwickeln? Im Westen finden wir zum Beispiel, dass gute Taten, wie Armen und Kranken zu helfen, Nahrung und Kleider zu spenden usw., sehr wichtig sind.

Lama Yeshe: Das ist gut, sehr gut sogar. Es ist wirklich wichtig, solche Dinge zu tun. Wir sollten das Leid der anderen wahrnehmen und helfen, wie und wo wir können. Die Frage ist nur, was die beste Art und Weise der Hilfe ist. Nur indem wir uns zusammenschließen, ist sinnvolle Hilfe für andere möglich. Welche Art von Hilfe könnten wir geben, wenn jeder völlig unkoordiniert handelte?

Wird das ganze jedoch überorganisiert, so entstehen auch daraus Probleme.

Manchmal entwickelt sich in einem wohltätigen Verein eine derart starre, bürokratische Ordnung, dass der ursprüngliche Zweck der Organisation verloren geht. Daher ist die beste Art der Organisation die innere. Die geistige Ordnung ist am wichtigsten. Wenn das innere Geschehen gut ist, das heißt, wenn unser Geist geübt ist in Mitgefühl und Weisheit, dann ergibt sich daraus auch stets die angemessene äußere Organisation. Aber wenngleich diese innere Schulung wesentliche Bedeutung hat, so sollten wir doch nicht die äußeren Aktivitäten als unwichtig abtun. Sie sind wichtig, doch zwischen innerer und äußerer Entwicklung muss ein ausgeglichenes Verhältnis herrschen, wenn wir anderen wirklich nützen wollen.

Frage: Sie haben als beste Vorbereitung für Weihnachten empfohlen, zu meditieren, das Leben, das wir im zurückliegenden Jahr geführt haben, genau zu betrachten und nicht wie üblich im Partystil zu feiern. Aber wenn wir Weihnachten als Fest betrachten, kann das Feiern und das Fröhlichsein dann nicht auch seinen Sinn haben?

Lama Yeshe: Ganz sicher. Dies ist ja ein wichtiger Aspekt eines jeden Festes, besonders zu Weihnachten. Bei diesem speziellen Anlass sollten wir daran denken, dass uns aufgrund unserer einzigartigen menschlichen Qualitäten – jener höheren, feineren Aspekte des Menschseins – die unschätzbare Möglichkeit gegeben ist, in spiritueller Weise wiedergeboren zu werden. Wir können neue Entdeckungen machen, zu neuen Abenteuern ausziehen. Wenn wir an die Taten Jesu denken, die voll Barmherzigkeit und göttlichem Mitgefühl waren, so erkennen wir, welch großes Glück wir haben. Das umfassende Bewusstsein dessen, was er tat, inspiriert uns zu dem Wunsch: »Das will ich auch!« In diesem Geist der Freude und Begeisterung sollten wir uns zu einer Weihnachtsfeier einfinden. Wenn wir so meditieren, werden unsere erhabenen Eigenschaften, die vielleicht zuvor verborgen und unbewusst in uns ruhten, bewusst aktiviert. Dieser Prozess des Erwachens kann weiterentwickelt werden, wenn wir jedes Jahr eine solche sinnvolle Feier veranstalten. Es kann eine Feier werden, in der wir uns über die Möglichkeiten freuen, die wir jetzt besitzen.

Wenn ich zum Beispiel ein Fisch wäre, wäre ich nicht imstande zu denken, wie ich mein Bewusstsein entwickeln könnte. Aber weil ich ein Mensch bin, verfüge ich über einen bedeutenden und einzigartigen Wesenszug, der es mir ermöglicht, an den göttlichen Taten Jesu teilzuhaben. Ich kann ihn mir zum Vorbild nehmen und mich selbst in diese Richtung entwickeln. Dies ist wirklich ein Grund zu großer Freude.

Frage: Wenn eine Weihnachtsparty gefeiert wird, gibt es häufig auch laute Musik und Tanz. Kann das in einer Weihnachtsfeier angebracht sein?

Lama Yeshe: Ja, auch diese Dinge können ausgesprochen sinnvoll sein. Wenn zum Beispiel Jungen und Mädchen ihr Tanzen anderen Menschen, Gott oder Jesus widmen, so ist damit ein höherer Anspruch verbunden. Wenn wir dabei denken: »Ich widme diesen Tanz dem Gedenken an die göttlichen Taten Jesu«, so kann dies ein sehr schöner und fröhlicher Tanz werden. Es hängt alles von unserer Einstellung ab.

Nur weil wir meist eine armselige Einstellung haben, arten unsere Feste in Extreme aus, und diese Art des Extremverhaltens ist es, was die Qualität unserer Feier zunichte macht.

Wenn wir zum Beispiel beim Tanzen an die Taten Jesu denken, kann alles, was wir tun, können auch unsere emotionalen Äußerungen zu einer Art Opfergabe werden, und es entsteht eine transzendente Erfahrung. Alles ist voller Freude und ein Ausdruck dessen, was im Buddhismus »göttlicher Stolz« genannt wird. Ich habe solche Feste erlebt. Es gab viel Musik, und es wurde sehr viel getanzt, aber die Schwingungen waren rein und voller Freude. Alle waren sehr fröhlich. Normale Partys dagegen sind anders, sie sind ziemlich neurotisch. Die Mädchen versuchen krampfhaft die Aufmerksamkeit der Jungen auf sich zu lenken, und die Jungen verhalten sich entsprechend. Dies kann höchstens zu weltlichen Sinnesfreuden führen, bei denen jedoch keine höhere Energieumwandlung stattfindet. Doch wenn Weisheit in uns ist, können wir aus unserem Leben ein unvorstellbar glückliches Erlebnis machen. Ich danke euch.

Einheit

Lama Tsong Khapa widmete sein Leben von Geburt an bis zu seinem Tode der Meditation und der Verbreitung der Lehre und damit dem Wohle unzähliger mütterlicher Wesen. Keine seiner Taten geschah aus Eigennutz. Wir können das kaum glauben, nicht wahr? Warum eigentlich nicht? Überlegt einmal, was wir von Geburt an bis heute getan haben. Wie nimmt sich unsere Lebensgeschichte neben der seinen aus? Eine Überprüfung wird ergeben, dass wir in unserem gesamten Leben zumeist nur an das liebe Ich gedacht und ihm stets den ersten Rang eingeräumt haben. Unsere Gedanken kreisten primär um unser Ansehen bei anderen, unseren materiellen Wohlstand und Ähnliches mehr. Das, meine lieben Freunde, sind Supermarktsorgen!

Wenn wir also unsere Handlungen mit den unglaublichen Taten Lama Tsong Khapas vergleichen, so müssen wir daraus folgern, dass entweder er völlig verrückt war oder dass wir es sind – das gilt es zu entscheiden. Wer hat nun recht? Ich nenne die Antwort nicht, ich fordere euch nur auf, euren Instinkt sprechen zu lassen.

Lehren werden nicht immer zusammen mit ausführlichen philosophischen Erläuterungen gegeben. Wie ihr euch erinnern werdet, lasen wir am Weihnachtstag die Geschichte über die mitfühlenden Taten Jesu. Seine gesamte Lebensweise stellt selbst eine Lehre dar. Dasselbe gilt auch für das Leben Lama Tsong Khapas. Die erstaunliche Energie, über die er verfügte, vermittelt uns eine Vorstellung davon, wie wir unser eigenes Leben intensiver gestalten können.

Dies ist die Lehre des göttlichen und tiefgründigen Handelns-in-Weisheit, jenes Handelns, das zahllosen Wesen Nutzen bringt und zum höchsten aller Ziele führt: zur Verwirklichung des Erleuchtungszustandes und der Frucht des völligen Erwachtseins. Es ist daher äußerst nützlich, solche Lebensschilderungen zu hören.

Je Tsong Khapa – oder Je Rinpoche, wie er meistens genannt wird – wurde in Amdo geboren, einem Gebiet in Osttibet, unweit der chinesischen Grenze. Es ist ein ganz besonderer Ort, voll lebendiger Dharma-

Erfahrung. Während Lama Tsong Khapa noch im Mutterschoße lag, hatten seine Eltern eine Reihe ungewöhnlicher Träume, so dass sie wussten, es würde ein ganz besonderer Mensch zur Welt kommen. Mit Hilfe der Traumforschung – wobei sie die verschiedenen Hinweise aus ihren Visionen zusammenfügten – erfuhren sie, dass ihr Kind eine Inkarnation von Manjushri sei, der Verkörperung erleuchteter Weisheit. Andere Zeichen ließen darauf schließen, dass er auch die Eigenschaften von Avalokiteshvara und Vajrapani besitze: erleuchtetes Mitgefühl und die Kraft der unfehlbaren Methode.

Seine Eltern waren jedoch nicht die einzigen, die Prophezeiungen über das Kind erhielten. In der Nähe lebte ein berühmter asketischer Lama, der sich in der Zurückgezogenheit mit Yamantaka beschäftigte, einer hohen tantrischen Erscheinungsform von Manjushri. Während seiner Meditation erschien ihm Yamantaka selbst und verkündete: »Nächstes Jahr werde ich in ein bestimmtes Dorf im Lande von Tsong-Kha kommen.«

In seinem Bestreben, die Bedeutung dieser Vision zu erfassen, erreichte der Lama das angegebene Dorf genau zu dem Zeitpunkt, als Tsong Khapa zur Welt kam. Er ging zu den Eltern und sagte ihnen, dass auch er Grund zu der Annahme habe, dass das Kind tatsächlich etwas Besonderes sei.

In Tsong Khapas Kindheit gab es viele Zeichen und Vorfälle, welche die Einzigartigkeit des Jungen hervorhoben. Schon in sehr jungem Alter übte er eine Yogamethode Manjushris, wobei er das entsprechende

Mantra immer wieder rezitierte. Eines Tages erschien dieses Mantra von selbst auf einem Stein in der Nähe seines Hauses. Vielleicht existiert es jetzt nicht mehr, aber bis 1959 konnte man immer noch Amdo besuchen und diesen Stein bewundern. Es gäbe viele ähnliche Geschichten zu erzählen, aber es ist jetzt nicht die Zeit dazu, sich länger damit aufzuhalten.

Je Rinpoche verbrachte einen großen Teil seiner Jugend – und tatsächlich auch sein restliches Leben – mit dem Studium der großen Lamas der verschiedenen buddhistischen Traditionen: Nyingma, Kadam, Kagyü und Sakya. Wenn ich diese Traditionen als »Sekten« bezeichnete, so würdet ihr den falschen Eindruck bekommen, sie seien völlig verschieden und stünden vielleicht sogar im Gegensatz zueinander. Tatsächlich fördern viele Lehrbücher im Westen solche Ideen und lassen die Leser im Glauben, diese Taditionen oder Schulen lebten schon immer im Krieg miteinander. Aber das ist ein völlig falsches Bild, es verhält sich ganz anders. Lama Tsong Khapa zum Beispiel erhielt Unterricht von großen Pandits und Meditationsmeistern aus all diesen verschiedenen Traditionen. Er studierte bei ihnen, diskutierte in ihrem Unterricht, beherrschte ihre Meditationstechniken und ließ sein Verständnis und sein Können gründlich von ihnen allen prüfen. Die Erfahrung dieser Ausbildung war insgesamt für alle Beteiligten von unermesslichem Nutzen und keineswegs eine Quelle von Unstimmigkeiten.

In westlichen Sprachen abgefasste Bücher aber legen ihren Lesern vielfach den Gedanken nahe, dass die eine Tradition über die guten, die

andere über die schlechten Methoden verfüge, dass sich die eine total auf das Studium konzentriere, während die andere wiederum völlig auf ein solches Studium verzichte usw. Wahrscheinlich haben viele von euch solche Bücher gelesen, in denen eine Tradition als den anderen überlegen dargestellt wird. Ihr wisst also, worauf ich mich beziehe. Sicherlich sind alle diese Ansichten interessant zu lesen, aber sie entspringen sämtlich dem Unwissen. Wenn ihr sorgfältig nachforscht, werdet ihr feststellen, was auch bisher alle meditierenden und geistigen Lehrer feststellen mussten, nämlich, dass die Nyingma-, Kagyü-, Sakya- und Gelug-Traditionen alle das Buddha-Dharma lehren. Alle basieren auf den grundlegenden Lehren von den Vier Edlen Wahrheiten, und sie studieren und befolgen alle den *Stufenförmigen Pfad* (tib: *lam.rim*), der zur völligen Erleuchtung führt. Jede Tradition hat die gleichen *lam.rim*-Lehren, und jede erläutert genau die gleichen Themen, wie wir sie hier in Kopan studiert haben. Wenn ihr dem nachgeht, werdet ihr sehen, dass alles, was in Je Tsong Khapas *lam.rim chen.mo* – der ausführlichsten Version dieser Lehren des *Stufenförmigen Pfades* – behandelt wird, auch in den Texten aller anderen Richtungen zur Sprache kommt. Und wenn man berücksichtigt, dass Tsong Khapa seine Überlieferung von großen Meistern der anderen Schulen erhielt, wie könnten dann ihre Lehren nicht übereinstimmen?

Es gibt aber Menschen, die behaupten – und zum Teil wird dies auch in Büchern getan –, dass Tsong Khapas Gelug-Tradition zwar auf die philosophische Diskussion spezialisiert sei, aber seinen Anhängern keine tantrische Meditationspraxis vermitteln könne. Diese und ähnliche Ansichten kann man sehr oft hören, doch sie sind falsch. Um jegliche Bedenken zu zerstreuen, braucht ihr nur die umfangreiche, von Lama Tsong Khapa selbst verfasste Literatur durchzusehen. Ihr werdet feststellen, dass er weitaus mehr Werke über fortgeschrittenes Tantra verfasst hat, als über die eher grundlegenden Sutralehren. Seine Kommentare beziehen sich auf die gesamte Skala des Tantra-Yoga und sind – obgleich vollständig mit Quellenverweisen versehen – der Praxis seiner Meditation entwachsen.

Es gibt allerdings doch etwas an Lama Tsong Khapas Methode, das manche glauben lässt, seine Anhänger würden kein Tantra praktizieren. Er betonte nämlich, dass jemand, der fortgeschrittene Yogamethoden praktiziert, sich anderen gegenüber zurückhaltend verhalten sollte. Tantrische Praktiken sind zu esoterisch, als dass man sie öffentlich präsentieren sollte. Dies könnte man mit einer schönen Frau vergleichen, die ihre Reize allzu betont zur Schau stellt und dadurch sogar abstoßend wirken kann. Bezweifelt ihr, dass es das gibt? Mit der Tantrapraxis verhält es sich genauso. Sie ist etwas sehr persönliches und sollte daher lieber auf intimer, innerer Ebene stattfinden.

Die fortgeschrittenen tantrischen Meditationstechniken bezwecken die Befreiung des Geistes von den subtilsten Verblendungen und Verunreinigungen, die ihn trüben. Wenn man daher diese tiefgründigen Methoden nur als Teil eines neuen, seichten Egospiels benützt – mit dem Ziel, Respekt oder Neid in anderen zu wecken –, dann steht dies

völlig im Widerspruch zu ihrem Hauptzweck, und die Übungen werden von Störungen und Ablenkungen durchkreuzt werden. Es verhält sich ähnlich wie bei einer Frau, die Ihre Reize zu sehr herausstreicht. Sie könnte, zum Beispiel in New York, kaum noch ohne einen »Beschützer« durch die Straßen gehen. Wenn man laut verkündet: »Ich bin ein großer tantrischer Yogi« und dadurch die Aufmerksamkeit auf sich zieht, so wird dies einen Erfolg der Übungen von vornherein ausschließen. Daher riet Je Rinpoche, dass jemand, der dem Tantrapfad folgt, so natürlich und einfach wie möglich erscheinen sollte.

Aber ihr praktiziert die Lehre wirklich! Innerlich vollbringt ihr unglaubliche Dinge, aber äußerlich ist nichts zu sehen. Und darin muss der Grund liegen, warum manche glauben, die Gelug-Tradition lehre nichts als die Vinaya-Regeln über Disziplin, nichts als strenge Moral.

»Seht, wie fromm diese Mönche sind! Sie essen nicht einmal zu Abend. Sie haben wohl noch nie von den tantrischen Techniken gehört, mit deren Hilfe sich weltliche Gifte in machtvolle Dharma-Medizin verwandeln lassen. Warum sollten sie sonst eine so strenge Selbstbeherrschung üben? Befürchten sie, ihren Kopf zu verlieren?«

Tatsächlich beruht dieses disziplinierte Verhalten auf dem Vorbild Lama Tsong Khapas. Auch wenn er die tiefgründigsten tantrischen Methoden zur Erlangung höchster Erleuchtung ausübte, so hielt er es für klüger, in Gegenwart anderer keine zu starken Schwingungen auszustrahlen. Es war viel besser, als ein Niemand zu erscheinen, auf diese Weise entstanden weniger Ablenkungen. Das ist die Erklärung für das friedliche, fast asketische und *arhat*-gleiche Auftreten so vieler Meditierender, während sie dennoch innerlich tiefgründige und dynamische Yogamethoden verwirklichen.

Ehe Lama Tsong Khapa auftauchte, herrschten bei vielen Tibetern ernsthafte Missverständnisse bezüglich der Dharma-Praxis. Manche dachten: »Nachdem ich Tantrayoga praktiziere, kann ich tun, was ich möchte. Ich kann nach Belieben Alkohol trinken, weil ich die erhabene Methode zur Umwandlung beherrsche. Mit der Sexualität oder anderen Dingen ist es genauso.« Andere wiederum meinten: »Weil ich den Sutrapfad und die strenge Vinaya-Disziplin befolge, muss ich Dinge wie Alkohol unter allen Umständen vermeiden. Ich muss so asketisch wie möglich leben.«

Diese extremen Haltungen zeigten das völlig fehlende Verständnis dafür, wie Sutra- und Tantralehren in einer beide vereinigenden Methode zusammengeführt werden können. Stattdessen wurden sie als zwei völlig verschiedene, ja sogar gegensätzliche Wege zur Erleuchtung betrachtet. Aber Lama Tsong Khapa erläuterte, wie ein Mensch die gesamten Sutra- und Tantrapfade verwirklichen kann, wobei er einerseits das Vinaya einhält und andererseits die fortgeschrittenen Yogamethoden praktiziert, ohne dass darin ein Widerspruch besteht. Mit seinem Leben demonstrierte er sehr deutlich die Vollendung dieser vereinigten Methode. Seine Erfahrungen legte er in zahlreichen Texten nieder, von denen einige auszugsweise ins Englische übersetzt wurden.

Auf meinen Reisen in den Westen habe ich viele Bücher über den Buddhismus gesehen. Einige davon waren ausgezeichnet, andere waren reinster Schund. Gewisse Kunstbände zum Beispiel erwecken den Eindruck, dass die tibetischen Mahayana-Bilder erotische Praktiken illustrierten, in denen es ausschließlich um weltbezogene Sinnlichkeit geht. Autoren solcher Werke demonstrieren lediglich ihre völlige Unkenntnis der Materie, und doch sind dies oft genau jene Leute, die als »Experten« auf ihrem Gebiet bezeichnet werden.

Die Großmutter eines meiner Schüler schickte mir ein schmales Bändchen, das von einem großen Institut in Los Angeles veröffentlicht worden war. Es enthielt kurze Beschreibungen aller Weltreligionen. Der Abschnitt über tibetischen Buddhismus war ungefähr drei Seiten lang, und es stand darin, wie degeneriert die Lehren seien, nichts als »schmutzige Sexualpraktiken«. Solche Darstellungen nähren die falschen Vorstellungen vieler Menschen und sind deshalb äußerst schädlich – in erster Linie aber nicht für den Buddhismus, sondern für jene, die solche Dinge verfassen und lesen. Aus diesem Grunde halte ich es für wichtig, dass für diese Bereiche das richtige Verständnis vorliegt.

Was die tatsächliche Praxis des Tantra betrifft, so beinhaltet sie nicht unbedingt Rauchen, Trinken und Ähnliches. Es ist nicht so, dass ein meditierender Yogi tun kann, was ihm bzw. ihr gefällt. Zum besseren Verständnis soll das folgende Beispiel herangezogen werden, das der bekannten Kagyü-Tradition entnommen ist, einer Schule, die sogar im Westen wegen ihrer fortgeschrittenen Tantriker bekannt ist.

Der berühmte Dichter-Yogi Milarepa besuchte einst einen seiner ehemaligen Lehrer, der ihm das Alphabet beigebracht hatte. Dieser Lehrer bat ihn, seinen berühmten Guru, Marpa den Übersetzer, zu beschreiben und von ihm zu erzählen. Und so erklärte Milarepa: »Marpa hat ein Haus, viele Felder, eine Frau, dies und jenes ...« Als er seine Schilderung beendet hatte, meinte sein ehemaliger Lehrer: »Sehr gut. Du solltest all diese Dinge ebenfalls besitzen. Du kannst im Haus deiner Mutter leben, aus ihren Feldern einen großen Hof machen, heiraten, eine große Familie gründen usw. Du kannst alles, was Marpa macht, ebenfalls tun.« Aber Milarepa antwortete: »Verzeih mir. Dass Marpa eine Frau hat, gereicht allen mütterlichen Wesen zum Wohle. Aber ich bin nicht so weit, dass ich es ihm nachtun könnte. Ich habe seinen Bewusstseinsstand noch nicht erreicht. Zuerst muss ich ein sehr einfaches Leben führen. Alles, was ich möchte, ist, die Lehren zu studieren, die mir mein teurer Guru gegeben hat und sie so weit wie möglich in die Praxis umsetzen. Sollte ich jemals Marpas erhabene Stufe erreichen, so werde ich vielleicht tun, was du vorschlägst.« Natürlich wissen wir alle, dass Milarepa berühmt ist wegen der Wirkungskraft seiner tantrischen Praktiken, jener überragenden Methoden, die ihm innerhalb eines kurzen Lebens volle Erleuchtung brachten. Und so zeigt sein Beispiel deutlich, wie falsch die Annahme ist, ein Yogi, der fortgeschrittenes Tantra praktiziert, könne jederzeit alles tun.

Jemand wie Marpa kann Alkohol trinken und eine Frau haben, und dies wird sich keinesfalls als Hindernis für seine Dharma-Praxis erweisen. Das Gleiche gilt für einen so großen Menschen wie Guru Rinpoche, Padma Sambhava, dem Vermittler der buddhistischen Lehre zwischen Indien und Tibet und Gründer der Nyingma-Tradition. Aber ob ihr solche Dinge tun könnt, müsst ihr selbst entscheiden. Damit sage ich nicht, dass ihr diese Dinge aufgeben solltet. Ich weise nur darauf hin, dass es irreführend sein kann, etwas lediglich nach seinem äußeren Erscheinungsbild zu beurteilen.

Ihr solltet vermeiden, ein Urteil darüber zu fällen, welche religiöse Schule oder Tradition die bessere sei. Diesbezügliche Meinungen zeugen von einem Mangel an Verständnis – lasst euch also bitte nicht von ihnen beeinflussen. Auf Grund weitverbreiteter Fehlinformationen im Westen wird der tibetische Buddhismus zur Zeit wie eine Suppe durcheinandergerührt und verwässert. Daher solltet ihr, die ihr engen Kontakt mit den Lehren erfahren habt, versuchen, ein möglichst reines Verständnis zu bewahren und weiterzugeben und zumindest nicht die

allgemeine Verwirrung noch vergrößern. Ein weiterer bekannter Irrtum ist, dass gewisse Schulen des tibetischen Buddhismus nur die Meditation praktizieren würden und nichts von Studien oder dem Besuch von Lehrvorträgen hielten. Ich bin davon überzeugt, dass viele von euch solche Behauptungen gehört oder gelesen haben. Aber wie sollte jemand meditieren, der nicht zuerst irgendeine Art von Information erhalten hätte? Sollte er über seine schlechten alten Gewohnheiten meditieren? Wer im Geschäftsleben Profite machen will, muss zuerst investieren. Ist es nicht so? Wer einen zusätzlichen Gewinn für sich haben will, muss mit irgendeinem Startkapital beginnen. Wer mit nichts beginnt, erreicht auch nichts. Das gleiche gilt auch für die Dharma-Praxis.

Ehe man eine wirkungsvolle Meditationsmethode befolgen kann, braucht man klare Informationen und Anweisungen darüber. Man muss die Materie sehr sorgfältig studieren und sich völlig damit vertraut machen, bis alle Zweifel beseitigt sind. Nur dann können die Meditationsübungen jemals Erfolg bringen.

Hierzu gibt es einen berühmten Ausspruch des Sakya Pandita. Er verkörpert in der Sakya-Tradition, was Guru Rinpoche, Ivlarpa und Tsong Khapa in der ihren darstellen. Dieser große Lama sagte: »Wer meditiert, ohne zuerst (die Anweisungen) zu hören, gleicht einem Bergsteiger ohne Arme.«

Wenn wir glauben, zu einer erfolgreichen Meditationspraxis seien keine Vorbereitungen oder Studien notwendig, dann räumen wir damit auch Tieren die Fähigkeit des Meditierens ein. Sobald sie sich auf das Essen oder Trinken konzentrieren, befänden sie sich inmitten einer zielstrebigen Meditation. Aber natürlich sollten unsere Übungen mehr als das sein. Kädrup Rinpoche, einer von Tsong Khapas bedeutendsten Schülern, erläuterte den Irrtum, der in einer beschränkten, unkritischen Einstellung gegenüber der fortgeschrittenen Dharma-Praxis liegt. Er sagte: »Es ist ein großer Irrtum anzunehmen, dass Tantriker auf die Weisheit analytischen Denkens verzichten könnten.« Glaube und Konzentration allein genügen nicht.

Zusammenfassend gesagt: Man kann das Ziel der ewig friedvollen Erkenntnis nicht erreichen, wenn die eigene Einstellung gegenüber den höchsten tantrischen Praktiken sich konträr zu dieser Erkenntnis verhält. Wenn man zum Beispiel von Katmandu zum östlich davon gelegenen Kopan gelangen möchte, ist es falsch, dazu die westliche Richtung einzuschlagen. Man wird sein Ziel auf diese Weise unmöglich erreichen. Ich sage das, obwohl ich weiß, dass einige der scharfsinnigen Disputanten unter euch mir mit dem Argument widersprechen werden, man könne Kopan sehr wohl auf diese Weise erreichen, da ja die Erde rund sei.

Wenn wir zu Lama Tsong Khapas Biographie zurückkehren, so können wir seine Leistung mit dem, was wir selbst bis jetzt vollbracht haben, vergleichen. Woher nahm er die Energie, alles in Vollendung zu tun, während unser Leben voller Trivialität zu sein scheint? Es ist wichtig, sich darüber klar zu sein, dass es keinen wesentlichen Unterschied zwischen Lama Tsong Khapa und uns selbst gibt. Glaubt nicht, dass er – oder irgendein anderer der großen indischen oder tibetischen geistigen Lehrer – in irgendwelchen unerreichbaren Gefilden weilte, während wir hier unten in der Falle der Sünde und der negativen Dinge festsitzen. Das trifft nicht zu. Der gesamte Prozess der geistigen Reinigung besteht in der Befreiung von solch dualistischem Denken wie: »Er ist heilig, aber ich bin nichts.« Die Übung der Guru-Yoga-Versenkung, in der man sich selbst als untrennbar mit dem Guru-Buddha verbunden visualisiert, sollte einen aufwecken und zu der Erkenntnis führen, dass man selbst auch unbeschränkte Fähigkeiten besitzt. Sich Gefühlen der Hoffnungslosigkeit und der Unfähigkeit hinzugeben ist ein gefährliches Unterschätzen der eigenen Qualitäten und potentiellen Möglichkeiten. Studiert daher bitte die Leben so großer Meister wie das Lama Tsong Khapas und das Milarepas und lasst euch davon inspirieren, so dass ihr eure eigenen Fähigkeiten möglichst nutzbringend anwenden könnt.

Nun sollte klarer geworden sein, warum die Betonung der Reinheit eines der wichtigsten Merkmale in den Lehren des Lama Tsong Khapa darstellt. Wenn unser Körper, unsere Sprache und unser Geist nicht prinzipiell in gesundem Zustand gehalten werden, so wird es uns nicht gelingen, unser Potential voll auszuschöpfen und fortgeschrittene Stadien meditativer Konzentration (samadhi) und alles durchdringender Einsicht (vipasyana) zu erreichen, die beide notwendig sind, um tiefe Erkenntnisse zu erlangen. Nun, da ihr diesen Meditationskurs besucht habt, könnt ihr den dahinterliegenden Sinn erkennen. Aus eigener

Erfahrung wisst ihr, dass Körper, Sprache und Geist durch angemessene Disziplin gezähmt werden müssen, wenn sich ein Erfolg einstellen soll.

Wenn ich jedoch über die Notwendigkeit dieser Reinheit und Disziplin vor einer Gruppe in Los Angeles sprechen müsste, die von der Mentalität dieser Stadt geprägt ist, so bin ich mir sicher, dass sie mich für verrückt halten würde. Doch nachdem ihr einige Zeit damit zugebracht habt, die wilde Elefantennatur des ungezähmten Geistes zu beobachten, versteht ihr, was ich sage. Ihr haltet mich nicht für völlig verrückt.

Es ist nützlich sich klarzumachen, wie sehr sich euer Denken, selbst in einer so kurzen Zeit wie einem Monat, verändert hat, zum Beispiel im Hinblick auf Dinge wie die Notwendigkeit der Disziplin. Nun, da ihr die Gelegenheit hattet, einige Lehren zu überdenken, könnt ihr sehen, wie euer Verständnis gewachsen ist. Für jemanden, der nicht den Versuch unternimmt, das Gehörte in die Praxis umzusetzen – also herauszufinden, was es wert ist – , ist es leicht zu missachten, was ihm gesagt wird. Man könnte denken: »Ach, schon wieder Worte. Wer will das hören? Mit westlichen Traditionen hat das nichts zu tun, welchen Wert könnte es also für mich haben?« Aber nun, da ihr diese Lehren auch praktisch ausprobiert habt, könnt ihr sehen, welchen Wert sie haben. Etwas auf diese Weise zu überprüfen ist sehr wichtig.

Wenn ihr beschließt, die Lehren des *Stufenförmigen Pfades* zu befolgen, so sollte dies ohne Überheblichkeit geschehen. Denkt nicht: »Welch fantastische Lehren habe ich erhalten! Jetzt kann ich alles über richtig und falsch vergessen und die Dinge nach meinem Belieben in Verbindung zueinander bringen.« Zumindest in einer Hinsicht wäre dies ein gravierender Fehler. Eine solche überhebliche Einstellung könnte bewirken, dass ihr einen schlechten Einfluss auf eure Freunde ausübt. Bedenkt, dass alles, was ein Mensch tut, eine Wirkung auf andere hat. Es hinterlässt einen Eindruck bei ihnen und ruft in ihrem Geist eine gewisse »Visualisation« hervor. Deswegen ist der Einfluss von Freunden etwas Mächtiges, das leicht die Ursache für Verblendung werden kann. Wenn wir daher ein wirklich liebendes Mitgefühl für andere empfinden, sollten wir versuchen, uns in ihrer Gesellschaft so natürlich wie möglich zu verhalten und nicht mit irgendwelchen Kräften, die wir möglicherweise durch unsere Übungen gewonnen haben, zu prahlen. Dies ist ein einfacher Rat, der uns allen etwas bedeuten muss.

Ich weiß es nicht, aber vielleicht sind einige von euch so weit fortgeschritten wie Guru Rinpoche, Vajradhara oder eine andere große Verkörperung der Tantra-Praktiken. Vielleicht beherrscht ihr die inneren und äußeren Kräfte so sehr, dass ihr fantastische Dinge vollbringen könnt, dass ihr womöglich sogar Elektrizität in hoher Spannung durch euren Körper leiten könnt. Doch worin liegt der Wert solcher Machtdemonstrationen, wenn ihr anderen dabei nicht nützt? Vielleicht werdet ihr nur ihren Geist beunruhigen, so dass sie verwirrt oder neidisch oder gar aggressiv werden. Ihr werdet die Wirkungen, die euer Handeln auf andere hat, in Betracht ziehen müssen, denn der einzige Grund zum

Ausüben solcher fortgeschrittenen Methoden ist der, anderen so rasch wie möglich von Nutzen zu sein.

Spirituelle Lehren oder Kräfte in gedankenloser, prahlerischer Manier anzuwenden ist äußerst egoistisch. Darum behaupte ich, dass auch ein sehr weit fortgeschrittener Tantriker niemals überheblich sein darf. Es ist viel besser, Tantra in zurückhaltender Weise zu praktizieren. Als die buddhistischen Tantralehren in Indien ihre Blüte erreicht hatten, durfte der Yogi anderen nicht einmal die tantrischen Geräte zeigen, die er oder sie bei sich trug. Sogar die Kette, die zum Mantrazählen verwendet wird, musste in einem kleinen Beutel verborgen werden, wenn der Yogi sich unter die Menschen begab.

Es gab zahlreiche Anhänger Lama Tsong Khapas, die Erleuchtung erreichten, indem sie seine Tantramethoden befolgten: Gyaltsab Je, Kädrup Je und Gyalwa Ensapa sind nur einige der berühmtesten.

Wenn ihr den *Stufenförmigen Pfad* des Sutra und Tantra in genau derselben Weise befolgt, wie es Lama Tsong Khapa und die anderen großen Gurus der verschiedenen Traditionen erläutert haben, so gibt es keinen Grund, warum ihr selbst in diesem jetzigen Leben die Erleuchtung nicht erreichen solltet. Auf diesem Gebiet gibt es keinen Unterschied zwischen Mann und Frau, es ist eine allen offenstehende Möglichkeit. Setzt daher bitte alle Lehren, die ihr erhalten habt, so weit wie möglich in die Praxis um. Dies wird zum Wohl aller beitragen.

Auch wenn ihr Dharma schon lange studiert habt, mag bisweilen das Gefühl in euch entstehen, dass ihr immer noch nicht wisst, worin das richtige Verhalten liegt. In solchen Zeiten hilft es, die Biographien großer geistiger Lehrer aus der Vergangenheit zu lesen. Damit lässt sich gut überprüfen, wie die Lehren im Alltag angewendet werden können. Es hilft einem, etwas dazuzulernen.

Ich freue mich daher, dass wir alle die Gelegenheit hatten, in diesen Tagen die Biographien von Buddha, Jesus und Je Tsong Khapa zu hören. Ich danke euch sehr und wünsche euch weiterhin gute Feiertage.

Eine Übung des Geistes in acht Versen

»Der unentwegt fließende Nektar Bodhicitta,
der den selbstherrlichen Gedanken völlig beseitigt.«
Kadampa Geshe Langri Tangpa Dorje Senge

Stets im Sinn das höchste Wohl
der Wesen
die kostbarer sind
als das wunscherfüllende Juwel
werde ich sie zu allen Zeiten
höher schätzen
als
mich
selbst

In der Gemeinschaft mit anderen
werde ich mich jeweils als
der Geringste
von allen betrachten
sie aus der Tiefe meines Herzens
schätzen
als ob jeder
das höchste der Geschöpfe
sei

Durch sorgfältiges Betrachten
meines Geistes
werde ich der auch nur geringfügigst
auftauchenden Verblendung
ohne zu zaudern
gegenübertreten
und
sie
von mir weisen
ehe sie mir und auch anderen
Schaden
zufügen kann

Begegne ich Menschen
besessen von Grausamkeit
die ungezügelt
Leid
bewirken
werde ich
solch seltene Wesen
aufs Innigste schätzen
als hätte ich einen
kostbaren Schatz
gefunden

Beschimpft und misshandelt
von Wesen
die
von Eifersucht beherrscht
werde ich nicht nach Vergeltung streben
sondern will die Schmach
annehmen
und ihnen
den Sieg
anbieten

Fügen mir jene
die ich gefördert
in die Vertrauen und Hoffnung
ich gesetzt
fürchterlichen Schaden zu
und
verletzen mich zutiefst
so werde ich sie als meine
größten Lehrer sehen

Kurz – alle Wohltaten und Schlüssel
zu höchster Freude
in diesem und in weitren Leben
biete ich den mütterlichen Wesen
und nehme im Geheimen
all ihr Leid
auf mich

Verläuft somit mein Leben
fern
von falschem Glauben
und befleckten Taten
die weltlichen Gewinn verfolgen
dann werde ich frei von allem
Leiden
sein
weil ich der Dinge
Traumnatur
erkenne

Glossar

Arhat wörtlich: Feindvernichter, jemand, der seine eigene persönliche Freiheit von allem Leiden erreicht hat, indem er den »Feind«, den verblendeten Geist und befleckte Handlungen zerstört hat.

Atisha indischer Meister des 11. Jahrhunderts, der die verstreuten buddhistischen Überlieferungen in Tibet wieder vereinigte und dort den Grundtext Bodhipathapradipam, zu dem der *Stufenförmige Pfad* ein Kommentar ist, verfasste. Begründer der Kadam-Tradition.

Avalokiteshvara Verkörperung des Mitgefühls, des völlig erleuchteten Geistes, zu dessen Inkarnationen der jetzige Dalai Lama und der Gyalwa Karmapa gehören.

Bodhicitta Erleuchtungsgeist. Die dem großen Mitgefühl entspringende Motivation, völlige Erleuchtung zum Wohle anderer zu erlangen und somit alle Wesen von ihren Leiden zu befreien.

Bodhisattva wörtlich: erleuchtungsorientiertes Wesen, jemand, der oder die volle Erleuchtung als Ziel verfolgt.

Buddha ein völlig erleuchtetes oder erwachtes Wesen, das alle Verblendungen und dualistischen Eindrücke des Geistes entfernt und alle positiven Qualitäten in sich erzeugt hat und somit befähigt ist, andere aus dem Leiden herauszuführen.

Buddha Titel für ein völlig erleuchtetes Wesen. Dieser Titel bezieht sich hauptsächlich auf Shakyamuni Buddha, der während des 6. Jahrhunderts v. u. Z. in Indien lebte und das Rad des Dharma für die jetzige Zeitrechnung in Bewegung setzte.

Buddha-Dharma Shakyamunis Lehren, die den Weg zu höheren Wiedergeburten, persönlicher Freiheit und völliger Erleuchtung aufzeigen.

Dharma wörtlich: das was hält oder bewahrt, Lehren Buddhas, Lehren, die aufzeigen, wie der Geist von seinen Negativitäten befreit werden kann und die somit vor Leiden bewahren oder von ihnen zurückhalten – die eigentliche Zuflucht.

Edle Wahrheiten, Vier eigentlich »die vier Wahrheiten der Edlen«. Inhalt der ersten Lehrrede des Buddha, in der 1. das Leiden, 2. dessen Ursache, 3. dessen Aufhebung, und 4. der Weg, der dazu führt, behandelt werden.

Guru Lehrer, Meister, spiritueller Freund, Ratgeber. Eine Verkörperung des erleuchteten Zustandes, die es dem Suchenden ermöglicht, eine Beziehung zu diesem aufzunehmen. Jemand, der den Pfad selbst bereits gegangen und demnach fähig ist, andere zu beraten und zu führen.

Guru-Buddha der eigene spirituelle Meister als untrennbar von dem erleuchteten Geist gesehen.

Guru Rinpoche Padma Sambhava spiritueller Meister des 8. Jahrhunderts, er brachte den Buddhismus von Indien nach Tibet, Begründer der Nyingma-Tradition.

Guru-Yoga die Praxis von der Verehrung des Guru, Ursprung des Erfolgs auf dem Sutra- und Tantra-Pfad.

Iam.Rim wörtlich: Stufen des Pfades, *Stufenförmiger Pfad*.

Langri Tangpa ein Lama der Kadam-Schule Atishas, der die Mahayana-Lehren der Geistes-Umwandlung überlieferte.

Mahayana wörtlich: das große Fahrzeug. Der buddhistische Weg, der auf der selbstlosen Motivation (*bodhicitta*) beruht und der zur Erleuchtung zum Wohle anderer führt.

Manjushri Verkörperung der Weisheit des völlig erleuchteten Geistes, zu dessen Inkarnationen Sakya Pandita, der Nyingma Lama Longchenpa und Lama Tsong Khapa gehörten.

Mantra Sanskrit-Silben, deren Rezitation dazu verhelfen können, bestimmte meditative Stadien zu erreichen.

Marpa tibetischer Lama des 11. Jahrhunderts, Schüler Naropas und Lehrer des Milarepa, Begründer der Kagyü-Schule.

mütterliche Wesen Übersetzung des tibetischen Ausdrucks »ma sem chen«, bedeutet, jedes Lebewesen als die eigene Mutter zu erkennen, und sich somit der grenzenlosen Güte zu erinnern, die man durch andere erfahren hat.

Pandit hoher Gelehrter der buddhistischen Schriften und deren Anwendung.

Sakya Pandita tibetischer Lama des 13. Jahrhunderts, berühmt wegen seiner Gelehrtheit und Weisheit, Begründer der Sakya-Tradition.

Sutra Lehrrede Buddhas.

Tantra der schnellste Pfad zur Erleuchtung mit Hilfe von tiefgründigen Weisheits-Methoden.

Tsong Khapa tibetischer Lama des 14. Jahrhunderts. Begründer der Gelug-Tradition.

Vajradhara Form des Buddha, wenn er tantrische Lehren verbreitet.

Vajrapani Verkörperung der Macht der unfehlbaren Mittel des völlig erleuchteten Geistes.

Vinaya Sammlung der grundlegenden Lehren Buddhas, die die Verhaltensregeln für die verschiedenen Mitglieder der buddhistischen Gemeinschaft (Ordinierte sowohl als Laienanhänger) beinhaltet. Das Einhalten dieser Regeln bildet die Grundlage für alle buddhistischen Ziele.

wunscherfüllendes Juwel Fabel-Juwel, das Wünsche erfüllen und seinem Besitzer Reichtum bringen kann.

weltliche Ziele oder die »acht weltlichen Interessen«: Gewinn – Verlust, Freude – Schmerz, Lob – Tadel, Ruhm – Schmach.

Yamantaka höchste tantrische Form von Manjushri.

Yogi Befolgender eines spirituellen Pfades, ein Praktizierender, der die absolute Wahrheit direkt erkannt hat.

Zufluchtsobjekt schützt vor Leiden. Die drei Objekte der buddhistischen Zuflucht sind Buddha, seine Dharma-Lehren und die spirituelle Gemeinschaft oder Sangha, die den Lehren folgt.

Theseus im Internet: http://www.Theseus-Verlag.de

Die Deutsche Bibliothek – CIP-Einheitsaufnahme

Thub-bstan-ye-śes <Bla-ma>:
Gedanken eines tibetischen Lama über Weihnachten / Thubten Yeshe.
Mit Aquarellen von Susanne Mocka [Ins Dt. übertr. von Ulrike Waldmann]
- Berlin : Theseus-Verl., 2000
Einheitssacht.: Silent mind, holy mind <dt.>
ISBN 3-89620-153-0

Ins Deutsche übertragen von Ulrike Waldmann

Umschlaggestaltung: Morian & Bayer-Eynck, Coesfeld
unter Verwendung eines Aquarells von Susanne Mocka
Lektorat: Karlheinz Bernhard Grunwald
Gestaltung und Satz: AS Satz & Grafik, Berlin
Druck: Westermann Druck, Zwickau
Printed in Germany

ISBN 3-89620-153-0

Gedruckt auf alterungsbeständigem Papier mit chlorfrei gebleichtem Zellstoff.